管理就是激活团队

打造问题解决型团队的九个维度

郭丰 著

中华工商联合出版社

图书在版编目（CIP）数据

管理就是激活团队 / 郭丰著. –– 北京 ：中华工商
联合出版社，2019.5
ISBN 978-7-5158-2497-0

Ⅰ．①管… Ⅱ．①郭… Ⅲ．①企业管理－组织管理学
Ⅳ．①F272.9

中国版本图书馆CIP数据核字(2019)第072533号

管理就是激活团队：打造问题解决型团队的九个维度

作　　者：郭　丰
责任编辑：肖　宇　袁一鸣
责任审读：郭敬梅
责任印制：迈致红
出版发行：中华工商联合出版社有限责任公司
印　　刷：三河市龙林印务有限公司
版　　次：2019年5月第1版
印　　次：2019年10月第2次印刷
开　　本：710mm×1020mm　1/16
字　　数：160千字
印　　张：16.25
书　　号：ISBN 978-7-5158-2497-0
定　　价：58.00元

服务热线：010-58301130
销售热线：010-58302813
地址邮编：北京市西城区西环广场A座
　　　　　19-20层，100044
http://www.chgslcbs.cn
E-mail:cicap1202@sina.com(营销中心)
E-mail:gslzbs@sina.com(总编室)

激活团队，保持弹性和价值创造的能力

在日常生活中，我们很容易见到"你的×××还没有激活"这句话。比如，进入一个新网站时，网页上会跳出"对不起，你的用户名还未激活！"进入到某个游戏关卡，准备激烈战斗时，系统会提示你"对不起，你的×××还没有激活"。看到这些字眼时，你有什么样的感受呢？懊恼，失落，还是生气？

其实，管理企业、带团队也是这样。为什么你的团队执行力上不去？为什么你的团队还没有成功？或许就是因为团队还没有被你激活。你没有激活自己，也没有激活别人。回顾自己的团队，曾经是否出现过猜疑、抱怨、指责、推卸责任等现象？到底是什么影响了团队的活力和创造力？

我见过很多公司，都想用最少的钱换来员工最大的贡献值。但是员工对工作根本提不起激情，工作效率和质量可想而知。还有很多公司给员工制定一些罚款的规定，员工为了避免交罚款，只好表现得"好"一点，根本不是在自我驱动下自发地为公司做事，这并不是长久之计。

再来看看通用电气的飞机发动机工厂，为什么四百多名高级技师能够高效协作，只有一名经理人负责督查？看看全球最大的番茄加工厂，为什么数百名员工通过"共同协议"来做工作，而老板连影子都看不到？看看美国红帽软件公司，为什么8000名员工每天干得热火朝天，市值突破100亿美元，而高管却不累，老板却不忙，还有闲心著书立说？为什么？因为他们的管理者善于激活团队，使团队保持弹性和创造力。

20世纪90年代末期，金融风暴席卷亚洲，日本很多大公司都出现严重的危机，但名不见经传的京瓷公司，却悄然成为东京证券交易所市值最高的公司。专家学者们纷纷研究京瓷公司，随后大家发现京瓷的独特经营方式——阿米巴经营模式。

阿米巴经营模式是一种企业管理方法，也是一种组织形态。简单来说，就是把企业划分为多个小单元、小团队，并对每个小单元、小团队的收入、费用、利润进行独立核算，从而把外部市场的竞争压力转化为内部压力，实现全体员工共同参与经营的全员参与型经营模式。

阿米巴经营管理模式，让每个人都成为管理者，都成为决策的参与者，极大地满足了员工想当管理者的愿望，激活了每一个团队的凝聚力和执行力。最终，实现了"经费最小化，销售额最大化"的经营目标，让员工实现了物质与精神的双丰收。

创造力是在凝聚力和活力的基础上产生的，团队成员团结协作、积极性高，可以创造比原来更高的效益。那么，团队的凝聚力和活力来自于哪里呢？管理者怎样才能让团队充满凝聚力和活力呢？

第一个关键词——赋能，用自身的能量赋予团队能量；

第二个关键词——触点，找到激活团队的关键少数派；

第三个关键词——造就，好玉要打磨，能力更要培养；

第四个关键词——增援，给团队提供各种的资源支持；

第五个关键词——熵增，剔除影响团队执行力的因素；

第六个关键词——驱动，团队活力是靠激励才产生的；

第七个关键词——促动，通过良性竞争促动员工进取；

第八个关键词——内驱，从团队内部打造自我驱动力；

第九个关键词——试错，创新的本质就是不断地试错。

这九个关键词，就是激活团队，打造问题解决型团队的九个维度，它们相对独立，又相互交织，形成了一个网络，覆盖了整个团队的方方面面，可以帮管理者轻松带领团队冲锋陷阵，打下江山。

第一章 赋能：团队 1+1 大于 2，用自身能量赋予团队能量

阿里巴巴不断强调要赋能商家与中小企业；腾讯不断强调"连接一切，赋能于人"；京东不断强调"零售赋能"新战略；联想不断强调要做"智能变革"的赋能者……这些大企业为何都在强调赋能呢？因为一切商业模式与组织的核心都是"聚人"。人聚到一起就是一个团队，只有赋能才能让团队变得更强，实现 1+1 ＞ 2 的效益。

第二章 触点：找到激活团队的关键少数派

如果把团队比作一台机器，我们就要找到启动这台机器的按钮，触动按钮，机器就会运转起来。那么，什么是团队这台机器运转的按钮呢？答案是"关键少数派"，他们是激活整个团队的触点。有了他们的积极带动和正面影响，可使整个团队保持高效率的运转。所以，找到团队中的关键少数派，让他们发挥影响力才是激活团队的重中之重。

第三章　造就：好玉要打磨，能力是培养出来的

玉器——使用天然玉石加工制成的器物。即使是天然的玉石，要想成为上好的美玉，还需精心打磨。同样，员工的资质再高、学识再多，要想成为真正有能力、有见识的人才，还需不断地培养和磨练。因此，管理者要对员工"狠"一点，给员工压力，给员工挑战，给员工培训，给员工成长的机会。

第四章　增援：再厉害的作战团队也离不开"后勤部门"的支持

各个团队中的各个成员，大家都有本职工作，相对独立，但也需要彼此协作。没有哪个部门是不需要其他部门支持的，再厉害的作战团队，也离不开"后勤部门"的支持。因此，部门与部门之间只有发挥协同作战的威力，才能推动整个企业向前发展。

第五章　熵增：剔除影响团队解决问题能力的因素

团队在解决问题的过程中，总有一些因素扮演着阻碍者的角色。哪怕这些因素本身并没有好与坏之分，但由于管理者在这些因素的处理上不够出色，也会使它们成为"坏的"东西。比如情绪因素，它本身无所谓好与不好，但如果管理者处理不好消极因素，就会造成团队受到负面影响。所以，设法剔除不良因素，是提升团队解决问题能力的关键。

第六章 驱动：是你不会激励，还是团队没有能力

管理者在抱怨团队无能时，却忽视了一个问题：为什么换个管理者带领同一个团队，团队的执行力会发生惊人的变化？或者说同样是人数相当的团队，甚至别人的团队成员整体水平还不如自己的团队成员，为什么人家的团队战斗力会更强大？所以说，不是团队没能力，而是管理者不会激励。会激励人的管理者才能驱动团队，让团队充满战斗力。

第七章 促动：高尚的竞争是增强团队活力的无形按钮

对于一个团队来说，有竞争才会有压力，有压力员工才会有动力，员工有动力企业才会有活力。怎样才能让团队有压力，让员工动力，让企业有活力呢？很简单，只需引入良性竞争机制，培养员工的竞争意识，有效地激励员工追求进步。这是带好团队的艺术，也是企业取得成功的关键。

第八章　内驱：克服惯性，打破僵化，才能打造自驱型团队

这个时代已经不缺各式各样的管理工具和激励手段，而亟需要的是自我管理和自我驱动的机制。因为控制带来的只是服从，自我驱动带来的则是主动投入。所以，团队需要内驱，管理者只有设法让员工克服惯性，打破僵化的思维，才能打造自驱型团队。

第九章　试错：不断犯错，不断修正，不断突破

企业不可能永远不犯错，而试错是一个主动犯错的过程。通过试错，企业可以知道哪种经营模式适合自己，哪种经营模式不适合。哪种产品能够获得用户的肯定，哪种产品不能。哪种服务能够为企业和用户带来双赢，哪种服务是鸡肋。主动试错，就像是交学费去学习，这是企业不断进步和突破自我的必经之路。

第一章

赋能：团队 1+1 大于 2，用自身能量赋予团队能量

阿里巴巴不断强调要赋能商家与中小企业；腾讯不断强调"连接一切，赋能于人"；京东不断强调"零售赋能"新战略；联想不断强调要做"智能变革"的赋能者……这些大企业为何都在强调赋能呢？因为一切商业模式与组织的核心都是"聚人"。人聚到一起就是一个团队，只有赋能才能让团队变得更强，实现 1+1 ＞ 2 的效益。

1.1　未来领导者要赋能，而不是管控

赋能，究竟是什么？

它到底有着什么样的魅力？

它能给企业、给团队、甚至领导者本身带来什么样的益处？

……

其实，赋能已经不是新词，不少发展领先的企业都已经在往这方面转变。比如阿里巴巴就不断强调要赋能商家、赋能中小企业；腾讯的格局观就是"连接一切，赋能于人"；京东也发布了"零售赋能"的新战略；联想更是声称要做"智能变革"的推动者和赋能者……由此可见，赋能确实是一个符合当下商业发展的新思维。

当然，赋能涉及的并不止上述的范围，它对于领导者管理团队的方式而言也是一样有效。

在传统的管理模式中，充分掌控自己的团队是每个领导者希望的，更是必须做到的。但这种做法，虽然能保证团队按照自己的计划发展，但却很难有新的突破。团队能力多强就看领导者的能力有多强，团队的潜力完全被领导者所压制。也就是说，领导者的掌控多一分，员工的自由度就少一分；领导者的控制多一分，员工的对抗情绪也会多一分。如此，不但团队的潜能无法得到充分的激发，还会消耗原有的能力。在如今这个商业环

境日新月异的情况下，如此做法只会导致团队走向"灭亡"。所以，未来领导者的职能必然要从管控转为赋能。

A 是一个企业管理咨询师，曾为一家企业做顾问，帮助调整该企业的团队结构。他去分公司做调研时，该分公司派了区域总监陪同。到目的地之前，分公司的经理问他："到达目的地后是否可以和一位客户见面？这个客户非常重要，已经谈了 8 个月，但是却没有成功。因为对方提出的条件很苛刻，分公司的经理没有这个权力答应对方，一直在打报告。"A 某自然是同意。见面后区域总监当场答应了该客户的要求，顺利与其签了合约。

但是，当大家都在庆贺，并认为该区域总监能力非常强时，A 某回到总部时，却让总部取消了区域总监的管理层，把片区资源给到分公司。原因是区域总监这个管理者并没有起到管理的作用。而结果也如 A 某所料，取消后，公司业绩翻了一倍。

为什么 A 某要这么做？因为他认为签约成功并不是区域总监的能力所致。一个领导者的报告信息都是来自下属，花几十分钟获得的成功也是基于报告，仰仗的是下属的判断，他的职能只是权力上的批准者。而这个身份所带来的结果，不仅是拖延了决策的流程，也让旗下团队的能力被压制。

如果是一个赋能型的领导者，这种情况下，他完全可以给团队放权，让团队中的其他人拥有解决问题的权利以及能力。如此，就不会拖延了 8 个月。

由此，我们可以看出，作为新时代的领导者，其职能不是事事插手，帮助团队解决问题，而是要将更多的时间和精力用于赋能团队，打造一个问题解决型团队。

　　既然未来领导者的职能将转变为赋能，那么对于赋能就必须有一定的了解。现在，我们就来看看关于赋能的一些基础理论性知识，然后在后面的小节中，再来讨论领导者该如何通过赋能达到激活团队的目的。

1. 了解赋能的阶段性变化

　　赋能的发展，总的来说可以分为三个阶段（如图1-1）：

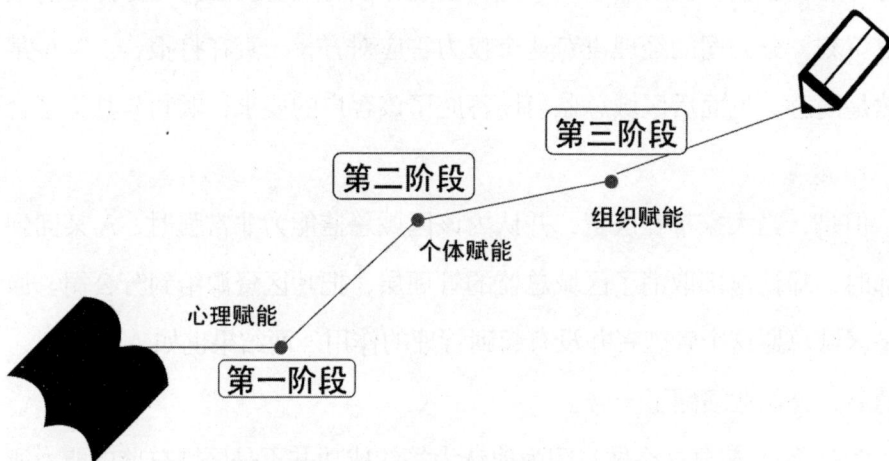

图1-1　赋能理论发展的三个阶段

　　第一个阶段：心理赋能。赋能，最早是积极心理学中的一个名词，意在通过言行、态度以及环境的改变给予他人正能量。

　　第二个阶段：个体赋能。随着赋能理论的发展，后被广泛应用于商业及管理学，理论内涵是企业由上而下地释放权利，尤其是员工们自主工作的权利，从而驱动团队组织结构的扁平化，最大限度地发挥个人潜力。

　　第三个阶段：团队赋能。现在的赋能已经不单单是指赋能员工，更为准确地说，是赋能整个团队。领导者通过赋能整个团队，从而起到激活团队，打造问题解决型团队的目的。

2. 赋能是因环境需要而生

在以往，不管是国内外的企业都奉行19世纪"科学管理之父"泰勒的"深井"式管理方式。这种管理方式是把工厂的学员制管理方式改为流水线模式，并且精准地衡量生产一件产品的每一个步骤、每一步骤所需要的时间，用系统化、标准化的方式消灭了学员模式下的生产过程中的所有可变化的因素。结果也是如泰勒所预期的那样美好，他用不到原本三分之一的工人，提高了四倍的产能。

这是科学管理带来的证明效应，可是它关注的重点是提升效率，高层负责设计战略与决策，中低层负责执行，对于在这个过程中产生的问题却没有人能够负责，或者说，这个问题只能由领导者一个人负责。但是，领导者的精力有限，当领导者顾及不暇时，这些问题就会产生并对企业造成负面影响，甚至是毁灭性的打击。所以，它依然只是第二次工业革命的产物，已经不再适合当下的商业环境。

实质上，当下需要的团队形态，就像是一个网状结构，每个节点都好比是一个个负责人，即使节点被打破，但依然具有自我修复的韧性，同时还可以自我压缩和伸展，并能够依据实际情况演变成任何需要的形态。而领导者就是织这张网的"蜘蛛"，通过不断给这张蜘蛛网吐丝，使其产生更大的效能，即使网破了，仍可以通过重新吐丝恢复原状。

1.2　自我发展：领导者领先一步，团队跟着走一步

领导＝领先＋指导，领导的自我发展能力直接影响团队的成长速度。通常来说，只有自己的成长速度远大于团队平均速度，领导者才有资格晋升或保持现有的岗位。因此，赋能领导者持续发展自身是带动整个团队成员在工作中成长的关键。

世界管理大师彼德·德鲁克指出："每当你看见一个成功的企业，必定是有人作出过勇敢的决策。"领导者处处领先一步最根本的原因，就是他们具备作出勇敢的决策的能力，而勇敢决策的前提，则是对未来趋势的超前预见和清晰洞察。在这方面，有一个非常经典的例子：

1983年，舒尔茨在美国老星巴克担任市场经理。一次，他被派到意大利米兰参加一个国际展销会。这天早晨，舒尔茨来到宾馆旁边的浓缩咖啡吧，店员热情礼貌地跟他打招呼，让他感到很亲切。

舒尔茨发现，意大利的咖啡店和美国星巴克最大的不同是，他们只向顾客出售现做的新鲜咖啡。只见咖啡师傅一边磨咖啡豆、压进浓缩咖啡、蒸牛奶，一边微笑着和顾客聊天。这引起了他极大的兴趣，经过进一步的了解，他发现意大利有20万家咖啡店，仅米兰就有1500家，这种咖啡店在当地非常受欢迎。

看到一间间充满人文气息的咖啡吧，舒尔茨的内心受到了前所未有的

震撼。他意识到咖啡是一种纽带，咖啡馆是人们情感交流和休憩聊天的好去处。他坚信这种全新的咖啡文化将成为未来的潮流，也必将改变美国和全世界。

舒尔茨抱着从本质上改变星巴克的决心回到美国，可是老星巴克的创始人们根本听不进他的建议，而是坚持传统的市场定位不放。舒尔茨无奈地离开了星巴克。

三年后，舒尔茨开了一家咖啡店。第二年，又开了两家咖啡店。三家店的年平均销售额都超过了50万美元。这年老星巴克的创始人们打算卖掉星巴克，舒尔茨当机立断，马上融资400万美元，买下了星巴克。1987年8月18日，新的星巴克诞生了。

在舒尔茨伟大的梦想支撑下，星巴克蓬勃发展。短短五年内分店发展到53家，而且这种浓缩咖啡成了美国社会生活的一部分，星巴克也成为一种新的社会现象。

如今，星巴克已经成为美国人和全世界交流感情、享受生活的重要场所，成为人们心灵栖息的家园，成为全球文化。星巴克咖啡店遍布世界每一个角落，总数已经超过7500百家，而且仍在增长，每周接待全球2500多万名顾客。其股价在经历了四次分拆之后攀升了22倍，收益甚至超过了通用电气、百事可乐、可口可乐、微软以及IBM等大公司。

舒尔茨凭着对人们生活文化发展趋势的深入洞察和高瞻远瞩的把握，带领着星巴克在短短的三十多年里创造了咖啡界的奇迹。从传统的市场定位，到后来的经营策略的转变，关键在于舒尔茨的自我成长。作为领导者，当他的眼光领先一步时，团队自然跟着他进步。由此可见，领导者的自我发展对团队是多么重要。

企业成功的背后是钢铁般的团队，钢铁般的团队背后是领导者杰出的领导力。我们欣慰地看到，越来越多想把公司做大做强的企业家，已经认识到自身领导力的提升对企业实现突破式发展的重要性。而对于领导者的自我发展，最重要的是思维模式的训练，如图 1-2 所示：

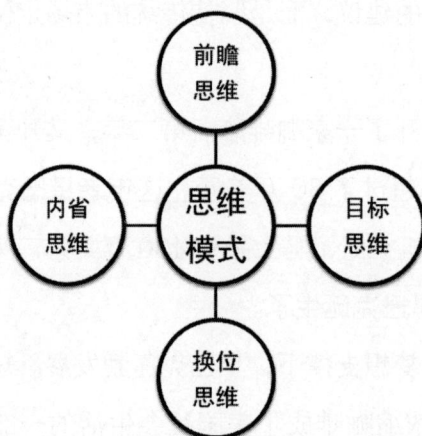

图1-2　自我发展的四种思维模式

1. 前瞻思维

所谓"前瞻"，指的是展望、预测、超前。在心理学的定义中，在表象、概念的基础上进行分析、综合、判断、推理的认知过程就是前瞻思维。常言道："站得高，看得远。"前瞻性思维是立足于当下，多方位地分析现状，预测未来的一种长远思维模式。

在我看来：规划未来的人很了不起。班组长看的是眼前，部门领导看一年，企业高层看三年，企业家看十年。具备前瞻思维的领导者，会把80% 的时间用来活在当下；把 10% 的时间用来反省过去，从经历中学习和总结；把 10% 的时间用来思考未来、规划未来。

事实上，没有人可以预测未来，我们谈论未来趋势，都是着眼于当下发生的事情。领导者并不比普通员工更能预测未来，领导者只是为未来做准备。他们会经常思考两个问题：

（1）未来几年，什么会改变？

（2）我应该做什么准备来应对这种变化？

2. 目标思维

在这个世界上，很多人做事都是漫无目的的。无论是过日子，还是干事业，都是得过且过，为了做事而做事，不去思考如何提高效率。我曾经问已婚人士："当初为什么结婚？"得到的回答是："到了结婚年纪，父母催着结婚，不结婚行吗？"如果知道结婚的目的，就会知道结婚的方法：跟谁结婚？什么时候结婚？婚后怎么过上幸福的日子？

带团队也是这个道理，如果知道领导者的角色和责任，就会知道带团队的方法：应该带怎样的部属？应该怎样带他们？每年应该达成什么样的目标？做任何一件事情都是这样，要思考：为什么要做这件事，怎么做？这两个问题的顺序不能颠倒，一定要先问"为什么"，再问"怎么做"。养成这样的习惯，就很容易形成目标思维。

3. 换位思维

俗话说："人不为己天诛地灭。"人的本性是为自己着想，不为别人着想。但是高情商的人懂得换位思考，懂得为别人着想。高情商的领导者，更懂得这个道理。克制自私之心，并不是要领导者舍弃自己的利益去利他，而是要学会理解他人，从而让团队利益最大化，最终实现个人利益的最大化。

作为领导者，要想学会换位思考，就要牢记一句话："己所不欲，勿施于人。"切勿以自己的想法去猜测别人的想法，而要让自己站在他人的立场去想问题。如果这样还不能了解对方的想法，那最好直接问："你有什么样的想法？"

为了训练换位思维，领导者最好经常问自己这样几个问题：

（1）如果我是他，我会怎么想？

（2）以他的性格和价值观，他会怎么想？

（3）直接问他：你是怎么想的？

4. 内省思维

伟大的领导者并不是追求永不犯错的理想境界，而是设法发现自己工作上的偏差，及时调整过来，回到正确的轨道上。这就不能缺少强烈的自我反省意识和思维。我认为，今天的企业领导者，应该经常问自己这样几个问题，以促使自己不断去反省：

（1）我的工作效率怎么样？

（2）我是不是得过且过了？

（3）我是不是轻重缓急不分了？

（4）这次顺利达成目标，哪些方面做得好？

（5）这次失败，是什么原因造成的？

（6）这项工作还有可以完善的地方吗？

（7）我的知识、经验、能力还有需要提高的地方吗？

领导者如果经常问自己这些问题，不断地促使自己去思考，并找方法提高和完善自己，那么自然就会不断成长。

1.3　借势而为：借外部之势，增团队之能

2017年7月27日，《战狼2》在中国内地上映。上映4个小时票房过亿，上映25个小时票房过3亿，上映46个小时票房过5亿，上映5天票房突破了12亿人民币。该部影片之所以如此火爆，很大程度上是因为国家强盛，满足了大众的精神寄托。从某种角度上说，这是一部在"借势"上取得极大成功的电影，它借的是国家的势，借的是爱国主义精神的势。

在商界和企业界，借势而为也是一门有效的生存哲学。所谓"势"，指的是外部的各种有利条件。借势而为指的是处于弱势地位的企业，依靠强于自己的大型企业或具有特殊价值的平台的"势"来获得更好的发展。对于中小企业来说，借势而为不失为一种实现跳跃式发展的有效捷径。

从本质上来说，借势而为是一种合作，是为了寻求利益共赢，更是站在巨人肩膀上发展自己的智慧性战略。懂得借外部之势的领导者，可以赋予团队惊人的能量，促使团队获得更大的成就。那么，我们该怎样借势而为呢？如图1-3所示：

设法关联大事件

借势而为

设法关联名人

设法关联大企业

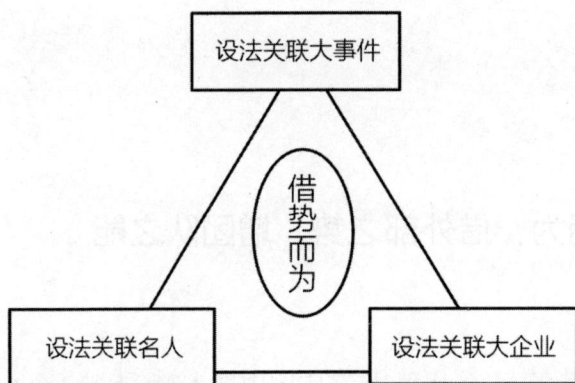

图1-3 借势而为的三种策略

1.关联大企业

在羽毛球业余双打中，水平低的人想方设法找水平高的人搭档。有了高水平的搭档，打球时不但轻松很多，而且胜率也大大增加。同样，企业发展也是这个道理，设法与大企业扯上关系，就会有源源不断的机会。怎样才能和大企业扯上关系呢？如图 1-4 所示：

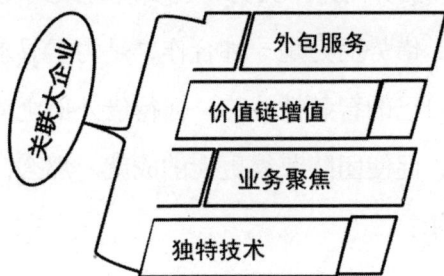

关联大企业

外包服务

价值链增值

业务聚焦

独特技术

图1-4 关联大企业的四个途径

途径 1：外包服务

要想与大企业扯上关系，给大企业做外包服务就是一条有效途径。哪怕只是给大企业印刷名片、养护绿化。在这方面，博彦科技公司就是一个典型代表。

1995 年，博彦科技公司刚创立时只有 4 个人，而微软公司是他们的第一个客户。当时博彦从微软拿到的第一笔生意价值不到 10 万元，但这次合作之后，他们很快就接到了 Windows95、WindowsNT、Exchange 等软件本地化和测试的项目。

后来，其他跨国公司开始陆续找上门来寻求合作。从此，博彦科技踏上了快速发展的快车道，公司从原来的几个人迅速发展到三千多人，年复合自然增长率达到 70%。如今，惠普、IBM、雅虎、SUN、索尼、英特尔等世界名企都成了它的客户。

为什么当时微软公司愿意与刚创立的博彦科技公司合作呢？因为微软公司把业务从美国拿到中国来做，目的就是节省成本。当时的博彦科技能够满足微软公司低成本、保障质量等价值需要。由此可见，想与大企业扯上关系，以便借势于大企业，先要思考自己能满足大企业什么样的价值需求，找准了这个切入点，就比较容易获得与大企业合作的机会。

途径 2：价值链增值

一般来说，中小公司有的资源大公司都有，但中小公司独有的技术、商业模式，大公司不一定有。因此，中小企业可以设法成为大公司价值链上的一部分，并使价值链得到增值，这是借势发展的有效途径。

微软公司刚创立时，与 IBM 公司签约，把自己的 DOS 操作系统免费放在 IBM PC 上，借助 IBM 垄断性的 PC 平台和渠道，大大提高了其产品的销量。这就相当于是把自己捆绑在大企业身上来发展，这就是增值服务。看看如今的很多中小企业，他们与中国电信、中国移动等大公司开展捆绑式业务合作，通过为其提供增值服务而谋求生存与发展，且取得了不错的效果。

途径3：业务聚焦

常言道："术业有专攻。"中小企业要想在全球供应链中占有一席之地，就必须在某个环节或业务领域做深做精。不管是服务型企业，还是制造型企业，都应该努力聚焦业务，并向国际专业水准靠拢。这样大企业才可能看上你，并愿意与你成为合作伙伴。香港有一家公司，专做手机、电脑喇叭，由于技术精湛，产品质量过硬，赢得了很多大公司的合作，并成为上市公司。这就是业务聚焦所带来的借势而为的成功典范。

途径4：独特技术

任何时代，技术都是优势，你有独一无二的技术，大企业就会主动找你合作，你就能获得借势而为的机会。深圳华益盛模具有限公司就是一家拥有独特技术优势的公司。

1995年，模具工人出身的邹强创办了华益盛模具公司，随后获得长虹、海尔等大企业的订单。但是国内同行竞争激烈，导致模具利润空间逐步丧失，华益盛发展遇到了严重的困境。2001年，韩国三星集团准备在中国建厂，邹强积极谋求与三星合作。从图纸设计到试验模具，经过多次反复的技术攻关，最终成为三星电视机在中国的第一家模具供应商。

三星的"大企业效应"十分明显，随后尼桑、雷诺、沃尔沃、菲亚特等汽车巨头相继成为华益盛的合作伙伴。由此，邹强开始将公司转型为汽车模具制造商。如今，华益盛每年生产的模具七百多套，产值高达2亿元。宝马、奥迪、沃尔沃、通用、福特、丰田、马自达、北京奔驰、东风日产、一汽－大众、上海大众、广汽本田、铃木等都是它的合作伙伴。邹强表示，华益盛与众多大企业合作，表面上靠的是价格优势，但根本上靠的是技术优势。

2. 借势大事件

在惨烈的市场竞争中，中小企业想要突围，还可以借助一些重大事件的"势"，为团队增加前进的能量。2005年，三棵树涂料公司成为"神舟六号"唯一搭载的涂料品牌，随后陆续借势于"神舟七号"、北京奥运会、上海世博会等重大事件，获得了非常不错的反响。其销售额连续多年翻倍增长，从几千万元增长到十多亿元。

还有锐丰音响，也通过借力大事件获得了飞速的发展。从2005年参与第十届全运会开闭幕式扩音系统工程开始，锐丰音响陆续参与了北京奥运会、亚运会、大运会等重大盛事的扩音系统工程。其接手的体育场馆的扩音系统工程，在数量上稳居业内第一。

3. 借助名人影响力

借势于名人的影响力和名气，可以大大提升企业的曝光度和知名度。在各行各业中，都有借助名人效应来寻求发展的企业。比如，聘请代言人除了邀请影星、歌星、笑星、体育明星等作为公司代言人，汇源果汁聘请韩国著名影星全智贤作为形象代言人就是一例。

"小品王"赵本山靠着在小品方面的卓越成就和个人影响力，成为铁岭市的形象大使。为此，铁岭市借助赵本山的大名开展招商引资工作，扩大了铁岭市对外宣传的窗口，大大提升了铁岭市的知名度。

除了借势于名人，企业还可以设法借势名队。所谓名队，指的是有名的足球队、篮球队等俱乐部。看看国内篮球联赛，各个篮球俱乐部都有其赞助的企业，比如：北京首钢、浙江广厦、青岛双星。

再看看国外俱乐部，比如，意大利尤文图斯俱乐部。它从成立至今，从未更换过后台老板，属于世界一流的俱乐部。它的发展壮大与"汽车大王"阿涅利家族的鼎立支持分不开。反过来，尤文图斯的辉煌战绩又给阿涅利家族带去了丰厚的价值回报。由此可见，设法关联上名队也是企业借势而为的有效举措。

1.4 业务设计：持续激发和整合团队智慧

为组织设定方向并持续激发和整合团队智慧，带领团队实现新的业务目标，这是领导者最重要的职责之一。传统的领导者秉承的是系统化的业务设计思维，由最高领导者对整个业务进行完整的顶层设计，然后将其分解为若干个小的任务，每个任务交给不同的团队去完成。最后，所有团队的工作成果汇聚在一起，就是最终的执行效果。

在互联网时代，由于外部环境充满了不确定性和模糊性，业务设计也变得越来越复杂。组织不再是一个贯彻高层战略思想的机器，而更像是在高层意志与基层实践的共同作用下，持续进化的有机体。业务模式并不是一开始就能想清楚的，而是在实践中不断地得到调整和优化。因此，业务设计崇尚的是边干边调整。

在这种业务模式下，对领导者的要求是善于赋能，懂得群策群力，能够激发和整合团队的智慧来设计业务，推动组织变革，并解决业务执行过程中的各种问题。能够赋能于团队的领导者，才能带领整个团队从容地应对复杂多变的外部环境，解决企业发展过程中出现的种种问题。

那么，怎样的业务设计才能够赋能于团队，持续激发和整合团队的智慧呢？下面，我们就来看一看互联网时代的业务设计，它共包括了以下几个步骤。如图1-5所示：

图1-5　业务设计的五个步骤

第1步：客户定位

任何一家企业，不管是战略规划，还是开发新产品，或者新产品上市，第一件事要做的就是客户定位。通俗地说，就是我们要把产品卖给谁？谁是我们的高价值客户群？比如，你要做安防产品，就做简单一点的摄像头，那你的客户会是谁？可能是公安部门，也可能是交通部门，或者是企业、厂区、居民区的用户。

再比如，现在很多人都用快充充电器给手机充电，那么在快充充电器刚被开发出来时，生产商要思考的是：快充充电器要卖给谁？手机五大品牌厂商有华为、OPPO、vivo、苹果、三星，到底选择谁？苹果不是好的选择，因为苹果一定会等这个产品稳定了才做。三星也不是最好的选择，因为三星手机的充电器用的是平面变压器。那么，剩下的只有华为、OPPO、vivo三个品牌商，谁更好呢？这就是快充充电器生产商要考虑的问题。

不同的产品所选择的客户是不一样的。所以，我们必须想明白我们的产品卖给谁？卖给谁的一个重要标准就是这个客户群对我们有什么价值。作为供应商，我们能给客户带去什么价值。

可以说，价值选择和客户定位是所有产品开发的第一步，也是所有做战略规划、做业务和做销售方案的人最应该思考的核心问题之一。客户选择对了，我们才能开发出适销对路的产品，才不愁没有市场，才不愁没有价值回报。换言之，不是先有产品和服务然后再去卖给客户，而是先选择好客户，再给客户提供相应的产品和服务。

第2步：价值聚焦

价值聚焦对应的是客户的痛点和需求。对公安部门而言，安防产品应该能够非常清晰、准确地抓出人脸，这是他们核心的需求。对交通部门而言，安防产品应能清晰地拍下车牌，这是他们核心的需求。可见，基于不同的客户，哪怕是相同的产品，他们的需求也是不同的。

所以，我们经常强调"要以客户为中心"，这句话的精髓在于以客户的痛点和需求为中心。也就是基于目标客户，提供给他们最需要的产品和服务。即使客户已经有了供应商，我们也还是有机会的。只要深入地分析现有的供应商满足了客户哪些方面的需求，给客户带来什么价值。然后，在此基础上给客户提供差异化的需求满足，如提供成本更低的产品，提供更好的服务，拥有更快的产品交付周期。这样也能打动客户，赢得合作的机会。

第3步：价值获取

国内很多企业在价值获取和利润模式方面，采取的是扩大规模和市场份额，然后通过持续降低成本来获得利润。相比之下，国外很多企业获取利润的模式就强得多。比如，英特尔的芯片和三星的 Flash 芯片，他们的新产品上市时，毛利率就非常高，但是它的时间周期很短。一旦发现竞争对手复制出同类的产品，他们会马上把价格降下来，目的是不让竞争对手成长。

华为就曾经遇到过类似的"价格打压"。当年华为在做无线网管时，最大的竞争对手是爱立信。华为卖给客户的网管产品，报价在600~800万。但是有一次，当他们报给客户这个价格时，客户马上质疑说："爱立信给我们的报价是300万，你们怎么报价那么高？"

华为方面表示不可能，因为爱立信的研发成本一定比他们高很多。因此，他们怎么会提供给客户那么便宜的产品呢？然后他们回去研究了一下，结果惊讶地发现爱立信给客户的网管系统的报价是300万。

原来，华为报价800万的产品是没有许可证的，而爱立信提供给客户的网管系统虽然有许可证，但只允许拥有10万用户。同时，他们给客户五年的收费时间，每一年针对新增的用户要收取5美金。如果一年增加100万用户，一年就要收取500万美元。五年就要收取2500万，赚得钱比华为多得多。

后来，华为也按照这种获取利润的思路，推出新的业务方案：网管系统免费，针对新增用户，每人收3美金，比爱立信收的更低。这个案例很能说明问题，那就是企业在价值获取和利润模式方面，一开始就要设计确定好。

第4步：框定业务范围

业务范围会严重影响你的投资模式，因此，框定业务范围是业务设计时不可或缺的一个环节。所谓业务范围，简单来讲就是在这个价值链上，你做哪些事情，不做哪些事情？哪些事情的核心业务是你要做的，哪些业务是需要通过合作伙伴去做的？

例如，华为终端在做业务设计时，就会考虑：芯片要不要自己做？通过战略规划，华为确定了业务范围，认为芯片必须自己做，所以，现在才有了非常有名的麒麟芯片。尽管当年华为做芯片时，用的是成本非常高的28纳米材料，试产一次就要2000美金的成本，但华为领导层认为这是值得的。

第5步：战略控制点

所谓战略控制点，就是一种不容易消失的、相对稳定的竞争优势。比如，宝洁的品牌，高通的专利组合，再比如QQ、亚马逊云计算等等，这就是战略控制点。战略控制点最核心的价值是，能够保证企业的业务可持续地发展，让企业变成百年老店，持续地赚钱。

当年华为终端一定要坚持做芯片，就是为了在硬件上占据强大的战略控制点。因为相对来说，华为对于射频领域的理解比较深刻，你看华为手机的信号比较好，能够支持所说的全频道，乃至全球频道范围都能支持。虽然做芯片要投入巨大的资金，对团队的研发能力要求非常高，但华为还是坚持去做。

从客户定位到价值聚焦，再到利润获取模式，再到业务范围，再到战略控制点，做好了这五个方面的工作，业务设计就圆满了。当然，再好的业务设计都要靠整个团队去执行，所以管理者要善于持续激发和整合团队的智慧，带领团队不断迈向更高的目标。

1.5　带队升级：带出更多能够驱动团队的领导者

经常听到企业管理者对员工说："听我的就是，问那么多干嘛？按照我说的去做就可以了。"领导者不想帮下属成长，只想要下属像机器按键一样，按下去就能运行操作，这是不现实的，也是不明智的。

首先，员工是人，不是机器，是人就有自己的想法，特别是试图进步的员工，更爱思考"为什么"。你不让员工思考，阻止员工提问，这是违背人性的。其次，作为领导，你不帮员工成长，员工永远就是听命于你的跟屁虫。当你不在他们身边，不能及时给他们指示时，他们就不知道怎样行动。试问：

这样的团队怎么应对随时冒出来的问题？

难道你想永远做一个跟在问题后面的"救火英雄"？

显然，这种想法是不明智的。这不是一个优秀的企业管理者应有的思维模式。真正具有智慧的管理者，其目标是带出更多能够驱动团队的领导型员工，即把员工培养成领导者，让员工能够做到以下几点：

（1）管理好自己——自主地工作，而不需要催促；

（2）管理好自己的工作——独立、负责、严谨地对待工作；

（3）积极地影响他人——在团队内部传递正能量，驱动他人跟着自己一起进取；

（4）能够独当一面——遇到问题能够独立应对，思考解决方法，创造性地解决问题。

世界领导力大师约翰·麦斯威尔曾在一本书中提出"极速发展的原则"，他说："不要把员工培养成追随者，而要把他们培养成领导者。只有这样，公司才能快速发展，让竞争对手望尘莫及。"

当团队领导者培养出一个有领导力的员工时，这位员工不仅会积极地发挥自己的作用，还会影响他的下属以及团队其他成员，甚至会把他的下属培养成领导者。他的下属或团队中的其他成员，同样会影响他们的下属及团队其他成员。如此循环（如图1-6所示），就会引发一系列的良性反应，团队会变得充满能量。

图1-6 驱动型领导者的影响力

有调查显示，如果团队领袖把员工培养成领导者，那么该公司的价值创造力将呈几何级数增长。"极速发展原则"对于企业管理来说具有深远的启示意义：企业不仅需要各个部门拥有出色的领导者，还要求这些领导者能够培养各自团队成员的领导能力。

兰德尔·怀特在其著作《领导能力的未来发展》一书中提到：如今，新公司不断涌现，也有公司不断倒闭。这说明，公司在启动时，总是有一个好的创意与思想，但在公司持续发展的过程中，需要不断推陈出新、与时俱进，要吸取各种各样的好思想。只有当公司上下所有管理者与员工都被塑造成领导者后，公司才会永远发展下去，而不会担心前途未卜。

作为企业管理者，你有必要思考：如果你的公司随意地发展下去，而不投入时间和精力去培养员工的领导能力，公司能不能极速发展，能不能在竞争中保持优势？如果你的回答是"不能"，那么请从现在开始，升级你的带队能力，致力于培养更多能够驱动团队的领导型员工。

1. 学会放权，让每个员工成为小 CEO

在传统组织中，管理者往往希望自己是最聪明、最有主见、最有经验的人，员工凡事都向自己汇报和请示，这让他们觉得自己对团队很有掌控感。可是，管理者的掌控感越强，员工的自由度就越少。管理者的控制越多，员工的抵抗就越多，团队能量消耗就越大。

今天，互联网时代的组织在客观上已经不再要求管理者是最厉害的那个人，而要求管理者给精英员工足够的权限。管理者的角色定位悄然发生了改变，组织要求管理者为员工赋能，给他们提供施展才能的平台。员工不再是完成任务的工具，而是企业的合作伙伴。

在赋能型的企业组织中，管理者应该把每个员工假设成小 CEO，并致力于将他们培养成小 CEO，给他们营造创业的机制，给他们提供在业务中成长的机会。这样员工才能从工作中获得足够的创新空间、成长锻炼和职业成就感。

所以，管理者要让员工明确各自的职责，安排任务要具体到人，并能清楚地交代任务目标和落实的标准，然后给员工充分的自由，鼓励员工独立思考、积极创新，让员工有更大的施展空间。若无必要，管理者不要干涉和插手员工的任务落实。

2. 做好"传帮带"，把员工培养成你

从阿里军团摸爬滚打走出来的干嘉伟，曾经的最高职位是阿里的副总裁。最多的时候带过七千多人的地推团队，那可是真刀真枪拼出来的。几年前，他被挖去美团做 COO（首席运营官）。他在总结自己的管理心得时说，管理有四个层次，如图 1-7 所示：

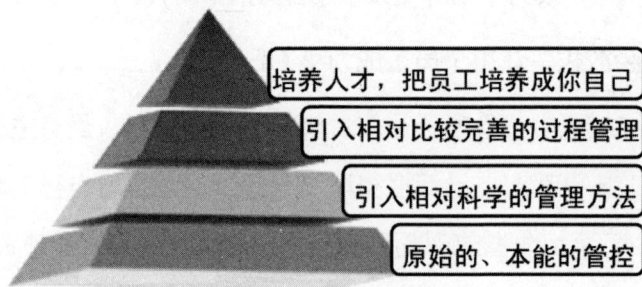

图1-7　管理的四个层次

管理的第一层次指的是最原始的、本能的管控。第二层次指的是引入相对比较科学的管理方法，如目标管理、绩效管理。第三层次指引入比较完善的过程管理，通过对过程的控制实现对结果的控制。第四层次指的是培养人才，把员工培养成你自己。

另一位从阿里军团走出来的，凭借作为滴滴出行的天使投资人而名声大噪的王刚，他在谈到领导力模型时表示，企业每个发展阶段领导力的关键点都是不同的，但有一条是不会变的，也是最核心的法则，那就是：把下属培养成你。

干嘉伟和王刚都提到"把下属培养成你"，我想这是很多管理者都渴

望实现的愿望。如果你足够出色，那么请把下属变成你，下属也会成为出色的人才。把下属培养成你，让下属拥有你的责任感和担当精神，拥有你的工作精神和状态，拥有你的思维模式和解决问题的能力，你对下属就会特别放心。你不在公司时，你也相信下属能够做好自己的工作；你不监督，也相信下属能够认真落实工作任务，带着这样的团队，才是你最大的荣耀。企业有这样的团队，才是稳固发展的根本。

　　要想把下属培养成你，你就必须做好"传帮带"，如图1-8所示：

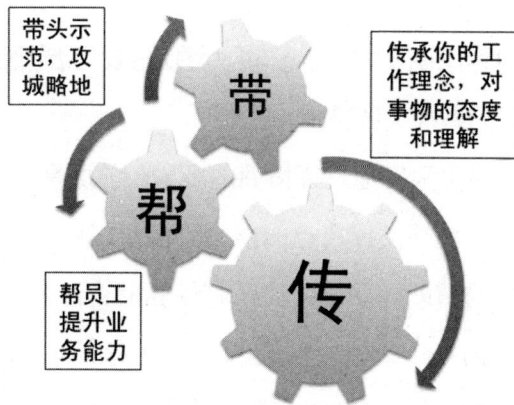

图1-8　"传帮带"的精髓

　　在"传帮带"中培养下属，复制自己，为的是让下属自觉地、自愿地、自动地、自发地用心把工作做好。比如海底捞，采取的是师徒制的"传帮带"，管理人员基本上都是从最基层提拔上来的，高级管理者曾经也刷过碗、端过菜、当过服务员、当过会计、当过领班、当过店长。通过跟着"师父"学，通过不断成为"师父"，最后成长为管理型人才。通过"传帮带"把员工培养成管理者，需要点点滴滴的付出，这是金钱买不到的，也是无法速成的。

3.创造良好的工作条件，激发员工的创造力

对于聪明的员工来说，有一个理论让他们非常伤心：如今智商论已是明日黄花，取而代之的是情商论。为了公司的发展，管理者应该重视提升员工的情商。情商是一个人的社交能力、社会意识感、自我意识感、自制能力以及与人接触时运用这些能力的能力。

其实，很多管理者也意识到，情商的重要性甚至超过了智商与技术知识。对于你的员工来说，情商可以改变他们对工作岗位的看法，进而制定新的发展目标。在职业发展过程中，高情商的员工重视解决问题的能力、冲突管理的能力、团队精神与合作能力的培养，因为他们意识到这些软技能给自己和公司创造很大的价值。

要想使员工最大限度地发挥情商的威力，前提是创造良好的工作条件，保证情商高的员工能够发挥自己的能力，而且能够取得成功。有一家咨询公司根据一系列的情商标准，评估了有经验的咨询师的价值。他们发现，情商较高的咨询师每年给公司创造的利润比情商相对低的咨询师多12万美元，两者的利润比高达139%。

创造良好的工作条件，要做些什么呢？要点如下：

（1）物质激励——给员工较为满意的薪水、奖金；

（2）晋升激励——创造公平、公正的晋升机制，保证优秀的员工能够获得晋升机会；

（3）培训激励——经常开展技能培训，提高员工的工作能力，可以提升员工的忠诚度；

（4）导师项目——给每个新人安排一位导师，利用"传帮带"的方式，帮助新员工快速融入团队；

（5）各种福利——完善的福利机制能让员工感受到企业人性化的关怀，是企业给员工营造归属感的重要条件，比如：年假、节日福利、生育津贴、带薪休假等等；

（6）娱乐项目——经常组织一些户外活动，包括户外拓展、旅游观光、体育运动等等，有利营造良好的团队氛围，增强团队的凝聚力。

1.6　精华萃取：为团队沉淀方法以应对类似问题

企业在发展中，会面临很多问题，也在解决很多问题。企业就是在"面对问题、解决问题、面对新问题、解决新问题"的无限循环中向前发展的。很多管理者把注意力用在"如何解决这个问题"上，苦思冥想，但结果却是，头发越想越少，办法还是没想出来，问题还是没有解决。

其实，每一个困扰我们的问题都像一把锁，当你选择一种看似简单，但却无法打开锁的办法时，那往往是因为你只是盯着锁头本身。如果退一步，想想曾经解决这类问题的成功经验或失败教训，也许更容易找到突破口。也就是说，遇到问题时，管理者首先要把注意力放在"如何解决这类问题"上，按照解决这类问题的思路，找到大致的解决方案，再结合具体的问题，做些小的方法性改变。

在我看来，经验是宝贵的财富，甚至比成绩都重要。因为经验可以推广开来，从而推动同类工作的开展，可以收到以点带面的效果。管理者要善于总结过往解决问题的经验，从而为团队沉淀方法以应对类似问题，提升管理水平。

以我个人解决问题的经验来看，面对一个问题时，我会采取以下三步走策略去解决：

第1步：站在高处看问题

当你看不到前面某处的风景时，你往往会选择站得高一点，这样你能看得更远。解决问题也要有这样的思路，想快速找到解决问题的办法，就得让自己站得高一点。怎样才能站得高一点？答案是升级你的认知。

认知决定了你的视野和格局，如果停留在旧的认知体系上，看问题就会陷入"老一套"的思维层面。那样你只会用旧的方法解决问题，找不到新的突破口，问题很可能依旧还在。所以，升级自己的认知体系，把原来错误的认知体系用新的正确的认知体系替代，你才能用新的思维方式去解决问题。

第2步：从不同角度看问题

站在高处看问题，是拉高了垂直视野。从不同角度看问题，是拓宽平面视野。以设计营销方案为例，很多人认为写不好营销方案，是缺少天赋。这就是典型的从单一角度考虑问题。其实，写不好营销方案，与营销经验不足、市场调查不到位、市场分析不透彻有很大的关系；还和不会列框架、逻辑思维混乱等有关系。所以，当你从不同的角度去思考时，你就会发现解决这个问题不仅有一种方法，还可以尝试很多其他的方法。

第3步：快速行动试错

如果你丢了东西，你从高处看了，也从不同角度思考了，但是如果你不去找，东西还是回不来。也许最开始你的方法是错的，但尝试了几次，就慢慢找到了正确的方法。很多解决问题的办法，都是在边实践边思考中摸索出来的。所以，试错是必须的。不但要试错，还要快速试错，快速调整，这样才能快速解决问题。

以上是我个人多年来沉淀的应对问题的思维模式和解决问题的方法。回到企业管理的具体问题上，我们也应该具备萃取精华的意识，不断为团队沉淀方法以应对管理中的类似问题，而不是每次碰到一个问题，都从零开始找方法。

例如，员工流动率居高不下，造成公司业务断档，大客户流失。面对这个问题，我们就要分析原因：为什么员工流动率居高不下？马云说过："员工的离职原因林林总总，只有两点最真实：一是钱没给到位；二是心委屈了。"钱没给到位是物质上的，包括薪酬、奖金、福利津贴等不能让员工满意；心委屈了是精神上的，说明员工不开心，这与企业的管理、团队氛围有很大的关系。管理者可以从这两大方面去找原因，再针对原因找方法，以解决员工流动率居高不下的问题。

事实上，碰到任何一个问题，我们都可以按照这样一种思维模式去找方法，如图1-9所示：

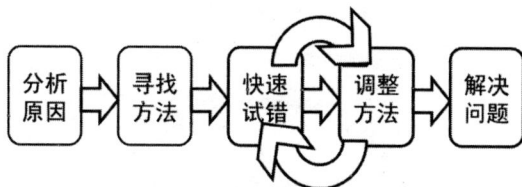

图1-9　解决问题的思维模式

值得注意的是，分析原因的时候，需要站在高处看问题，思考方法的时候需要从不同的角度看问题。在快速试错与调整方法的时候，也许我们一开始就找对了方法，一次就把问题解决了，那就不用调整方法。也许一次试错不能成功，还要继续试错，所以，请保持耐心，不断反省和总结，直到最终找到解决问题的方法。相信只要抓住这个思路，无论多么复杂的问题，都可以做到高效、彻底地解决。

1.7　文化打造：驱动团队，精神力大于物质力

不知道你是否注意到，军队是一个有着神秘力量的群体。它能将来自五湖四海的陌生人凝聚在一起，能够做到绝对服从、不畏艰险、使命必达。看看当年的抗美援朝，中国军人的武器装备极其落后，但最后为什么能打胜仗？可以说，强大的精神驱动力是非常关键的原因之一。

物质条件可以落后，但精神世界必须屹立不倒，唯有坚不可摧的意志品质，才能带领团队打胜仗。要想使团队具备强大的精神驱动力，管理者就不能忽视团队文化的打造。一个优秀的团队所具备的文化应该是这样的，如图 1-10 所示：

1-10　优秀团队应具备的团队文化

第一，有统一的价值观和目标。

这是打造团队文化非常重要的前提，如果团队成员对事物的看法和价值取向不同，他们就很难朝着一个目标去努力。统一的价值观要求管理者聚集同频共振的人，让大家拥有信任的基础，能够在关键事物的价值取向上保持一致，这是打造问题解决型团队的关键。

第二，能驱动大家去执行到位。

所有的目标和创意，如果只停留在脑海里，而不落实到行动上，那都是毫无意义的。光想不做，是成不了事的。所以，优秀的团队文化必须能够发挥杠杆的作用，能够直接激发力量，驱动大家去把目标和创意执行到位。这要求团队成员必须保持高度的责任心和积极的工作态度，要对执行结果负责。

第三，有良好的团队氛围。

团队文化、团队氛围是个被说烂的词，但是多少管理者真正把它当回事，在上面花过心思？好的团队氛围应该是内部和谐相处，没有勾心斗角，大家齐心做一件事。相互之间保持协作，彼此包容，大家对团队有归属感，团队有凝聚力。

好的团队氛围不是上天赐予的，而是后天不断打造而来的。比如，通过人员的筛选，留下价值观趋同的人，然后在共事的过程中营造出一种积极向上、轻松互信、彼此包容、拥有奉献精神的氛围。

要想打造优秀的团队文化，我们就要朝着以上三点去努力。具体来说，我们可以通过以下手段来行动。

1. 筛选团队成员，看其是否符合团队基因

"为什么总有人跟我唱反调？"

"为什么我的团队总是有不和谐的因素存在？"

"为什么我的团队总是有分歧，不能保持步调一致？"

为什么会出现这么多问题？也许不是团队成员本身有问题，而是最开始打造团队时，管理者没有做好成员筛选工作。常言道："不是一家人，不进一家门。"可现实中，偏偏很容易出现"不是一家人，进了一家门"的情况。当价值取向不同的人进入企业，混杂在团队成员中时，就注定了这个团队难以达成步调一致。

所以，管理者在招聘人才时，不能只看学历和能力，还应该了解对方的价值取向和看问题的方式和态度，要找到与团队文化对路的人，找到能认同团队价值取向的人。这样团队和个人才能彼此激活。

2. 反复强调团队的核心思想和统一目标

心理学上有一个概念，那就是不断强调，不断暗示，就可以加深印象。在打造团队文化时，管理者就应该不断强调团队的核心思想和统一目标。多强调一遍，就能加深一点印象。直到最后，团队的核心思想和统一目标深入大家的脑海，融入大家的血液。这样大家才会在统一的思想和目标的指导下去为团队做贡献。

3. 经常化地推行多维度、全方位的培训

俗话说："一年之计，莫如树谷；十年之计，莫如树木；终身之计，莫如树人。"企业的发展不能缺少问题解决型团队的支持，但前提是确保团队成员有过硬的素质和优秀的品格。这一切都离不开多维度、全方位的培训。

经常化地开展团队内部培训，可以帮助团队成员快速上岗、胜任工作。

还可以不断地向他们灌输企业的核心思想和统一目标，和他们分享工作技能和经验，传递正能量，激发他们的斗志。对于没有工作经验的新人来说，系统性的培训和工作实操，是他们实现自我成长的一次良机，更是他们融入团队、适应团队文化的一次良机。

4. 充分发挥规章制度的约束力和激励性

所有进入团队的人，可以分为三类。如图 1-11 所示：

图1-11　团队内的三类人

自驱型的人有信念、有追求，在没有外界驱动的情况下，也能自发地工作、认真负责。自驱型的人还具有强大的影响力，能带动身边的人一同进步。但自驱型的人非常稀有，需要管理者擦亮眼睛去发现。一旦发现，就要设法留下。

被驱动型的人，虽然没有自驱型的人那么自觉、自发和自制，但具有引导和教化的价值。自驱型的人能够带动他们、感染他们；团队内部的培训能够训练他们；企业系统化的制度能够约束、激励他们。所以，管理者要扮演好导师的角色，引导他们不断进步。

消极型的人是团队的"老鼠屎"，他们的存在会破坏团队良好的文化和气氛，必须坚决从团队中筛除。

对于前两种类型的团队成员来说，制度的约束力和激励性是相对的，也是最公平的。在遵守制度的人看来，制度就是维护公平最好的代表。在违反制度的人看来，制度就是约束和惩罚的武器。因此，坚持落实制度，有奖有惩，双管齐下，确保团队充满战斗力。

5. 运用具有仪式感的活动激励团队成员

生活要有仪式感，团队建设和文化打造也要有仪式感。运用具有仪式感的活动，可以将企业的思想、精神、态度、事件意义等有效地传承下去。就像结婚要举办一场婚礼一样，特别的仪式可以强化事件的意义。特别是在一些关键事件上，管理者尤其要注意制造仪式感。

比如，每期绩效考核之后，在表彰业绩最佳的团队和业绩最佳的个人时，最好举办一场表彰仪式——普通的仪式或隆重的仪式，最起码要当众去去表彰。荣誉证书上要加盖公司印章，最好有董事长或总经理的亲笔签名。这样能够最大限度地激发员工的荣誉感和自我价值认同。

6. 用可视化的物料，激发团队的凝聚力

可视化的物料是什么玩意儿？举几个例子你就明白了，比如，团队的旗帜、口号性的横幅、培训主题横幅、表彰大会横幅、团队出游时大家统一穿的文化衫、帽子、胸牌、配饰等等。这些都是强化团队个性标识的重要物件。通过可视化的物料，可以营造强烈的团队凝聚力，让员工以团队为荣，对团队充满归属感。

当然，赋能型团队文化的打造不是一蹴而就的，需要管理者用心地打造和精心地打磨，甚至需要几代管理者共同去努力，需要各个部门、各级管理者去共同协作。当所有的经历和面对所有困难的态度和行动逐渐变成一种精神、一种文化，并能够有效地传承这种精神和文化时，赋能型团队就诞生了。

第二章

触点: 找到激活团队的关键少数派

如果把团队比作一台机器，我们就要找到启动这台机器的按钮，触动按钮，机器就会运转起来。那么，什么是团队这台机器运转的按钮呢？答案是"关键少数派"，他们是激活整个团队的触点。有了他们的积极带动和正面影响，可使整个团队保持高效率的运转。所以，找到团队中的关键少数派，让他们发挥影响力才是激活团队的重中之重。

2.1　用关键少数派激活普遍大多数

传统的管理研究有一个既定假设，认为企业和团队的产出是由大多数人的贡献决定的。例如，企业总利润的 68% 是由排名在 16% ～ 85% 这个区段的员工贡献的。然而，近现代的管理研究表明，员工的贡献分布是极不平衡的。

美国印第安纳大学教授波义耳和乔治大学教授阿吉尼斯研究发现，在大多数行业中，绝大数的绩效产出是由关键少数派创造的。1% 的关键员工所创造的绩效占到了总绩效产出的 10%。5% 的关键员工所创造的绩效占到了总绩效产出的 26%。处于 16% ～ 85% 区段的大多数员工所创造的绩效只占总绩效产出的 46%。这一发现与日常生活中的二八法则非常相似。

提起著名的微软公司，人们首先想到的是比尔·盖茨。从最初的三个员工成长为如今全球最大的科技公司，比尔·盖茨和他的团队创造了一个举世瞩目的成就。但这位杰出的团队领袖却谦虚地说："这绝不是我一个人的功劳，这份荣誉属于我们团队里的每一个人。单靠个人或者少数人的力量是难以成就事业的，个人英雄主义的时代早已过去。"

的确，比尔·盖茨的话是有道理的，单靠个人或少数人的力量是难以成就事业的。但要想成就大事业，团队里不能缺少关键少数派。试想一下，如果没有比尔·盖茨，会有今天的微软吗？比尔·盖茨就是最为关键的少数，是他激活了整个微软团队，带领微软团队攻城拔寨、无坚不摧。

对于一个团队来说，并不需要每个人都能力超群，有时候只需要少数几个佼佼者发挥积极示范作用，便能激活团队中的其他人。在团队中，既有能力突出、踏实肯干的关键少数员工，也有能力一般、得过且过的普通员工。这个时候，只需发挥关键少数派的榜样力量，便可促使普通员工进取，让整个团队上下一心，共同前进。

本田宗一郎是日本本田公司的创始人，他为人粗暴，看见下属出错就恶言相向，有时甚至还动手。即使没有犯错，但缺乏创新精神的下属，也会遭到他的粗暴对待。但奇怪的是，员工从来不会怨恨他，反而十分敬佩他。因为他在管理公司的过程中处处以身示范，发挥了很好的表率作用。

有一次，为了谈一笔出口生意，本田宗一郎在一家日本餐馆招待外国商人。期间，外国商人上厕所时不小心把假牙掉到了厕所。本田宗一郎听后马上跑到厕所，花了好一会儿才找到假牙。之后他把假牙洗干净，消了毒，交还给了外国商人。商人看到失而复得的假牙，一扫失落的心情。外国商人认为本田宗一郎是个值得信赖的人，很快就与之达成了合作。

如此肮脏不堪的活儿，本田宗一郎没让员工去做，也没付钱雇人来做，而是亲自上阵。这种亲身示范、亲力亲为的表现给员工树立了很好的榜样，大大激发了团队成员不畏艰难、奋发向上的精神面貌。

美国著名企业家玛丽·凯·阿什在带团队方面有着独到的见解，她认为领导者的行为就是下属们的行为。当领导者尚不能准确发现关键少数派时，最好的办法是以身作则，扮演好关键少数派，激活团队普遍大多数成员。

在用关键少数派激活普遍大多数时，要注意以下三点：

1.让关键少数派处于流程中心位置，并鼓励他们积极建言

我们曾对一家大型制造企业的 87 个生产团队进行了一项研究，结果发现：当关键少数派处于工作流程网络的中心位置时，他们的建言和协作行为可以极大地提升团队的协作效率，提升生产效率。这个发现对我们有两点启示：

第一，把关键少数派安排在一道流程中的核心环节上，让他们处在工作流程网络的中心位置，以便让他们的影响力更好地向四周辐射，从而激活更多的团队成员。第二，一旦发现了团队中的关键少数派，就要设法鼓励他们积极发声，发声才能有效地影响他人。

当然，如果碰到沉默寡言型的"关键少数"，管理者就要想办法让他们融入团队协作，在与他人的协作中发挥榜样示范的作用。切记，关键少数派想要激活普遍大多数，必须融入团队，积极参与到团队协作中来。那种"闷葫芦"且独自行动的关键少数派，不是打造问题解决型团队所欣赏的。

2.鼓励关键少数派积极的言行，也要设法遏制其负面言行

美国社会学家科尔塞洛和米洛通过对一家超过二千名员工的科技公司研究发现：高绩效员工会对周围同事的绩效产生积极的溢出效应。一个高绩效员工平均可以提升他们周围同事 10% 的生产效率。他们还发现，当这些高绩效员工出现较为严重的负面行为时，如工作懈怠、推卸责任、工作暴力、欺诈、违反制度等，这种负面行为同样有着溢出效应，会严重破坏团队的协作气氛，进而影响整体绩效。

可见，关键少数不仅代表着高绩效，还代表着企业员工应有的风范和标准。就像足球场上，核心球员不仅要有出色的脚下技术，还要有霸气、

有风度。例如，英格兰球星莱因克尔，曾代表国家参加了 1986 年和 1990 年两次世界杯，共计攻入 10 粒进球，是世界杯赛场上效率最高的射手之一。同时，他在球场上颇有绅士风度，职业生涯从未吃过红黄牌，被誉为"足球绅士"，成为队友和后辈们学习的榜样。

所以，管理者一定要经常告诫关键少数派，让他们意识到自身的责任和影响力，鼓励他们发扬身先士卒、率先垂范的担当精神，同时提醒他们注意自己的言行，切勿传播负面的言论或做出负面的行为，以免给团队其他人造成消极的影响。

2.2 用价值观找到与团队合拍的少数派

谈到选拔人才看重什么特质时，曾任联想控股有限公司总裁的柳传志说："基层人员看重经验，中高层人员看重责任心和职业态度，而值不值得培养则看重其价值观是否与企业价值观相吻合。"为什么要重视人才价值观与企业价值观相匹配呢？

因为价值观是企业文化的核心，统一的价值观使企业成员具有同一的行为标准，并保持高度协作和步调一致，不会出现内耗、内讧而导致自损能量。价值观匹配还意味着人才与企业合拍，这是人才忠于企业、不易流失的关键因素之一。所以，优秀的管理者都重视用价值观寻找与团队合拍的少数派。

几年前，某互联网公司总裁曾在自传中说过这样一句话："一家企业如果成功是因为团队，那么如果失败也一定是因为团队，是团队内部出了问题。培养团队，是我花费时间最多，也是内部最重要的一件事。"这是一番发自肺腑的大实话。

该公司从 1998 年创立开始，到 2007 年拿到 1000 万美元的第一轮融资，再到 2014 年赴美上市……每一步都充满了艰辛。二十年的时光，该公司从一个三五人的小团队，变成了一个近十六万人的商业帝国。能取得如此成就，与这位老总重视培养团队，重视人才选拔是分不开的。

那么，这位总裁到底是怎样选人的呢？具体表现为以下几点，如图 2-1 所示：

图2-1 选人的六个原则

特质 1：用行动说话

这位总裁多次公开表示："我不喜欢夸夸其谈的人，如果一个人说话特别好听，我绝对不要。一个不擅长高谈阔论的人如果成功了，那么他靠的一定是脚踏实地去做。"

特质 2：从基层做起

谈到招聘什么样的管理者时，这位总裁说他会分析对方的从业经历，一定要是从基层做起来的人。如果一个人一直念到博士，然后直接进入超大企业做工程师，这样的人公司往往是不会考虑的。

特质 3：做人要诚实

这位总裁说过："我最不能容忍的就是说谎。只要有人说谎被我发现，哪怕他是副总裁，我也一定会将他开除。"该公司曾经有个高管，就因为在上班打卡这件小事上说谎，被他开除了。

特质 4：有团队精神

这位总裁说过："要想成功，只能靠团队，有团队精神非常重要。首先，只以自己为中心的人，肯定没有团队精神。其次，经常抱怨的人，绝对是没有团队精神。最后，团队精神还体现在管理者带人上。你想升职，必须亲自培养出一个可以接替自己职位的人。否则你升职了，你的职位由谁来接替？"

特质 5：有吃苦精神

这位总裁是个吃苦耐劳的人，他希望员工也是如此。所以，在选人时他比较看重人才能不能吃苦。那种家庭特别好，从小没怎么吃过苦的人，是不会被录用的。

特质 6：有学习精神

这位总裁认为，人的智慧不是天生的，而是通过学习得来的。他经常对员工说："入职前几年，我给你们开的年薪要全部花掉，用来买书或者参加各种外部的培训班。"

在这位总裁看来，选人既要看能力，更要看价值观是否匹配。如果价值观很匹配，业绩能力也很好，那么这种人无疑是金子，是关键少数派。如果价值观很匹配，业绩也不错，这种人就是钢。如果价值观匹配，能力稍差，这种人至少能获得一次轮岗的机会。如果价值观不匹配，就算能力再强，也会被第一时间干掉。因为这种人是铁锈，虽然能力强，但腐蚀性也强，是团队发展的隐患。

用人标准如此之高，如果好不容易找到了与团队合拍的少数派，这位总裁也不会敷衍对待。他不仅会给员工好的薪水和待遇，还会给员工股票，以及通过培训体系，让新人获得成长。以副总裁以上高管为例，一旦找到了合拍的，公司会给他们提供到国内外一流商学院参加系统的在职 EMBA 项目学习的机会，每年至少安排三位高管去进修……

透过这位总裁的选人艺术，我们可以看到价值观的匹配多么重要。那么，管理者怎样才能用价值观找到与团队合拍的关键少数派呢？这需要通过三道关卡，如图 2-2 所示：

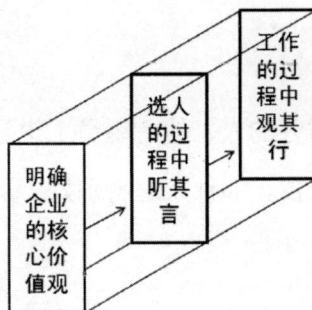

图2-2　找到与团队合拍的少数派的三道关卡

1. 明确企业的核心价值观

想找到与企业价值观合拍的少数派，首先必须搞清楚企业的核心价值观是什么。这是我一贯的主张。企业从创立之日起，就应该有自己的核心价值观。如果连自己的核心价值观都没有搞清楚，那么判断少数派的价值观是否合拍就没了标准，到时候只能凭印象和感觉，这样怎么能找到合拍的少数派呢？

北宋末年，水泊梁山的大门黄旗上写着"替天行道"四个大字，这就是告诉天下英豪："我们是替穷苦人伸张正义的！"以此来吸引价值观合拍的人。企业作为一个组织更应该这样，必须明确地告诉员工：我们这个公司是干什么的，我们的目标是什么。

2. 选人的过程中听其言

在选拔人才的过程中，管理者可以围绕企业核心价值观，通过有效的提问，听人才是怎么说的，了解他的为人和对事物的认识。例如，"你认为什么样的人是靠谱的？是值得信任的？""你认为什么是职业化？""你为什么想进入我们公司？""你认为你所应聘的这个岗位的存在价值是什么？""你最近读了什么书？书中哪些内容对你有比较大的启示？"同时，管理者还可以见缝插针地要求人才举例说明自己的观点，以判断他是否具备相关的实践经验。

有一次，杜邦公司的管理者招聘一名工程师和一名出纳员。管理者先问应聘工程师的求职者："假设下班后，厂房里有台机器需要维修，公司会给每人100美元的加班费。如果你是这个班的班长，你会派两个人去维修吗？"对方回答："为了节约公司的成本，我肯定只派一个工程师去维修。"

接着，管理者又问应聘出纳员的求职者："假设公司发生了火灾，你的第一行为是什么？"对方回答："出纳员的职责是保护账目和资金，我的第一行为当然是把账目和资金放进保险柜，然后再跑。"

结果，这两位求职者均没有被录用，这并不是因为他们专业能力不合格，而是他们的价值观与杜邦公司的核心价值观不同。杜邦公司的价值观是安全、道德、环保和尊重他人。如果维修机器，一定要两个人一起去，而不要一个人单干；如果发生火灾，第一时间应该跑，钱可以不要，因为生命比金钱更重要。从这个案例中可以发现，通过有效的提问，可以很好地识别人才的价值观是否与企业的价值观合拍。

3. 工作的过程中观其行

再好的选拔环节，也不能保证百分之百找对与企业价值观合拍的少数派。因此，录用之后，我们还应该继续考察入职者。看他在工作中的行为表现。比如，你可以布置几项任务给任职新人，让他在规定的时间内拿出方案，考察言行是否一致。然后，再根据其表现任命、授权。有些管理者对人才根本不了解，就直接任命、授权，这种做法的风险是比较大的。

4. 发现不合拍果断请离开

发现新入职者的价值观与企业价值观不合拍时，我们该怎么办呢？有人会说，那就想办法改变对方的价值观，让他们认同企业的价值观。但我要说的是，这种做法完全是徒劳。因为价值观是根深蒂固的东西，是很难改变的。管理者时间有限，花大量的时间去改变一个人的价值观是否值得呢？有这个时间，还不如多招一些与企业价值观趋同的人才。

我曾经招了一个人，因为他在专业能力方面特别突出。但这个人进入团队之后，我们发现他有自以为是的毛病，经常和他人发生争执。无论什么事情，总觉得别人是错的，自己是对的。而且说话很难听，非要争个输赢，根本没办法与人合作。

由于他所处的岗位要与很多人打交道，所以我们就找他谈话，耐心地做思想工作，教他如何与人合作，如何沟通等。可是努力了几个月，他的表现虽然有好转的时候，但是过了一段时间，又恢复到原来的样子。没办法，我们只好将其劝退。通过这件事我认识到：发现团队内价值观不合拍的人，即使他的能力再强，也要果断地将其请出去。

2.3 找到处于"核心"位置和起着"桥梁"作用的员工

关键少数派对企业的发展至关重要。作为管理者，要跳出传统的思维——以绩效高低定义关键员工，从全局视角找到企业中能够影响他人的关键员工。特别是在团队协作过程中，管理者可以通过对协作数据的分析，找到处于"核心"位置和起着"桥梁"作用的员工。所谓"核心"类员工，指的是大量频繁地和其他同事互动、协作的员工。所谓"桥梁"类员工，则是指处于连接不同信息关键节点上的员工。

香港首富李嘉诚曾经是个卑微的打工仔，在远大志向的指引下，通过慧眼识人和团队的力量，一步步创造了举世瞩目的商业帝国。当被问到成功的秘诀时，李嘉诚坦言道："企业的成功需要依托团队的力量，团队的主心骨必须是那些优秀的人才，只要你拥有一支高效的团队，协助你的工作，那么你成功的概率将提高80%。"

1980年，李嘉诚将盛颂声提拔为董事副总经理。1985年，李嘉诚又将周千和提拔为董事副总经理。盛颂声主管生产，周千和负责财务，两人就像李嘉诚的左膀右臂，为李氏集团的迅速发展壮大立下了汗马功劳。在两位关键性的优秀员工的带领下，团队其他成员纷纷效仿他们的工作态度和工作方法，以饱满的工作热情，为公司的发展贡献力量。

关键性的优秀员工是企业发展必不可少的组成部分。他们或处于"核心"位置，或起着"桥梁"作用。管理者要擦亮眼睛，从众多团队成员中发现他们。切勿把一般员工当作核心员工，或忽视了核心员工的存在，这都会给企业带来巨大的损失。

那么，企业中哪些员工才算"核心"和"桥梁"类的员工呢？以下三个突破口值得关注，如图2-3所示：

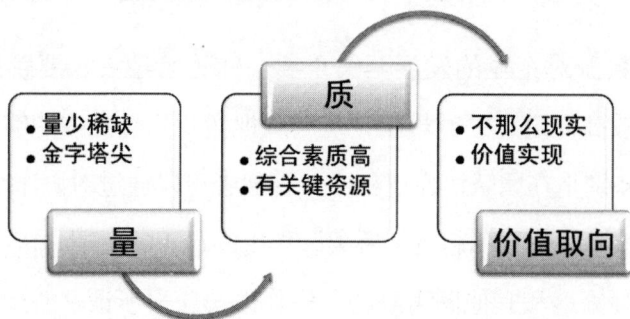

图2-3 识别关键少数派的三个突破口

1. 职位处在金字塔体系的塔尖

从量上来看，关键少数派员工与一般员工的区别显而易见。他们在企业总体中所占的比例很少，属于企业的稀缺资源。在一家企业里，不可能人人都是核心员工。所以，透过企业员工构成的金字塔体系，你会发现：处在塔尖的核心岗位的员工，往往是关键少数派。

比如，企业各部门的负责人，他们身居企业的要职，位高权重，一举一动都会影响本部门乃至本企业的发展。他们最了解本部门的情况，和本部门成员打交道最多，对本部门乃至整个企业的影响力自然非常大。

2. 实力在同类员工中名列前茅

从质上来看，关键少数派员工与一般员工的区别也是很明显的。他们的综合素质较高，往往具有高学历、高资历，拥有精湛的专业技术、高超的管理水平、卓越的业绩。他们从业多年，经验丰富，他们的成绩是业内所承认的，他们的知名度在业内掷地有声。

拥有这类特质的员工，也许不在核心岗位上，不在关键的流程节点上，但是这丝毫不影响他们对团队发挥影响力。因为在企业中，他们可能掌握着关键资源，比如：专业技术、研发能力、客户关系、商业秘密等。他们是企业难以被替代或复制的软实力，对企业战略目标的实现至关重要。

3. 追求不像一般员工那么现实

从价值取向上来看，关键少数派员工不会像一般员工那么现实，不会"一切只向钱看"。因为他们的低层次需求多半得到了满足，他们有更高层次的需求和追求。企业对他们来说，不再只是一个养家糊口的饭碗，而是一个展示自我的平台。他们比一般员工更敏感，自尊心更强。他们非常在乎是否得到了企业的尊重，更关注个人发展空间和个人价值的实现。

关键少数派员工还有一个重要的特征，就是流动率较高。因为他们拥有出色的综合素质，具有极高的市场价值，是企业竞相争夺的目标，是猎头紧盯的猎物。摆在他们面前的工作和职位很多，他们不怕没有伯乐赏识。他们有可能与领导一言不合就拂袖而去，另谋高就。

此外，不同的企业、不同的管理者识别关键少数派的标准是不同的，有着不同的最看重的素质。比如，宜家家居特别看重诚信的品质，也是他们用人的一个基本点和出发点。如果应聘者不符合要求，就算专业水平再高，工作能力再强，也不会被录用。如果发现有员工存在欺骗公司的行为，他们会毫不留情地将其扫地出门。

有些公司则比较看重员工的创新精神。比如，微软公司宁愿冒着失败的风险，任用曾经失败的人，也不愿意任用一个处处谨慎、毫无建树的人。还有英特尔公司，在选拔人才时非常看重人才的创意潜质。正是凭借这种识别关键少数派的标准，使得微软和英特尔能够成为计算机行业中的佼佼者。

2.4　针对作用不同需要发现不同的关键少数派

韩国某大型公司有一位清洁工，就是这样一位不起眼的小人物，在一天晚上，当公司保险柜被窃贼打开时，他与窃贼进行了殊死搏斗，身负重伤。事后，有人问他为什么要与窃贼搏斗，他说："因为公司总经理每次从我身边经过时，总会赞美我扫过的地真干净，这让我感到很受尊重，所以我有责任保护公司的财产安全。"

这个例子告诉我们：管理者的真诚赞美能激发出员工的责任感和捍卫公司财产的勇气。但在这里，我想说的不是这个问题，而是想说：不同的员工在企业中起着不同的作用，不同的作用需要不同的关键少数派来担当发挥。

作为管理者，应该用一种开放的态度来思考和看待团队成员的不同特质，发掘出除了绩效之外的特殊贡献者。从某种意义上来说，这些特殊贡献者也是关键少数派。下面，我们就来看一看，团队中有哪些特殊贡献者扮演着关键少数派的角色？看看他们是怎样像关键少数派一样发挥正能量的？如图2-4所示：

图2-4　作用不同的关键少数派

关键少数派1：救火英雄

团队中有一种员工，可能他们能力平平，工作表现也不突出，甚至很少发声。但当企业遇到麻烦时，他们却能及时挺身而出，扮演"救火英雄"的角色，用尽一切办法维护公司的利益，消除危机。

比如，工厂发生了火灾，他们不惧危险，为抢救关键物品冲锋在前；发生了地震等灾难，他们沉着冷静、有条不紊地疏导大家安全撤离；公司产品被投诉了，顾客和公司人员发生了纠纷，他们总能及时站出来安抚顾客、调解纠纷，化危机于无形。

很难想象，如果团队中没有这样的关键少数派，企业会在遇到麻烦时遭受多大的损失。所以，管理者千万不要忽视"救火英雄"，不要亏待了他们。

关键少数派2：节能大师

对于一家企业来说，成本控制是极为重要的。在利润率保持不变的情况下，若能控制好成本，那么企业的净收益就会更高。因此，省钱就是赚钱，想办法缩减开支，从某种程度上来看等于创造价值。

"股神"巴菲特在投资初期，曾收购过一家公司。第一次在这家公司召开董事会时，他发现很多人都在抽名贵的雪茄，便十分愤怒地说："你们都在用我的钱抽雪茄。"巴菲特对节省的员工十分欣赏，他认为懂得节俭的员工是值得信赖的，是公司不可缺少的关键成员。

因此，管理者除了重视绩效突出的员工，还应重视用切实行动为公司节省成本的员工。比如，采购人员，在采购相关物品时，总是货比三家，讨价还价，选择性价比最高的。销售人员出门在外，总是自觉地节省差旅费用，能不坐飞机的，尽量坐火车；不追求住宿条件，自觉地选择条件差不多的旅店；不追求用餐享受，吃的差不多就可以了。

这类员工的个体行为本身也许不能直接给企业节省很多开支，但是他们的行为具有榜样示范和无形感染的作用，能够达到"从我做起，带动一片"的效果，影响周围的同事养成自觉节省开支的习惯。最后，使团队形成一种"以节约为荣，以浪费为耻"的风气。

关键少数派 3：形象大使

员工在企业里是一个人，走出企业就代表着一家企业的形象。因此，员工如果能以"企业人"的责任感要求自己，处处维护公司的形象，宣扬公司的正面形象。那么，这无疑是一种无形的价值创造。

一次，联想集团的一名员工在电脑城看到一位顾客和销售员吵架。起初他没在意，但细听后发现顾客和销售员吵架是源于一台联想电脑。经询问了解，该员工得知顾客把电脑买回去之后，对电脑的某些方面不满意，就找销售商来讨说法，销售商觉得自己没有责任，于是不予理睬，结果造成了冲突。

遇到这种事情，恐怕很多人都会抱着"与己无关"的心态视而不见。但这位联想员工却觉得，自己作为联想人，有责任维护公司产品的形象，给客户一个满意的交代。于是，他亮明自己的身份，积极帮顾客解决问题。最后，圆满地调解了这次纠纷。

后来顾客写信给时任联想集团总经理的杨元庆，把这件事的原委告诉了他。杨元庆十分高兴和感动，在公司召开表彰大会，号召大家向这名员工学习，并将联想集团的最高荣誉——"联想奖"，颁发给这名员工。

这名员工为联想公司创造了什么价值？表面上看似乎没有，但实际上他通过自身行动，很好地激发了整个联想集团，使大家认识到作为联想一份子的责任。

除了在外面主动为顾客解决问题，员工做好本职工作，给客户满意的服务，或在与客户打交道过程中，捡到客户丢失的钱包、手机以及其他物品并及时归还给客户，或主动宣传公司的正面新闻，也能维护公司的形象。

关键少数派 4：快乐天使

在工作中，难免有各种各样的身心压力，神经紧张、愁眉苦脸、消极抱怨的人让周围的人也跟着有压力。有些员工在工作期间，通过积极的言行，让工作变得充满乐趣，让团队气氛变得无比轻松，让大家感到团队是快乐的，工作是一种享受。

我把这种员工称为"快乐天使"，他们自带幽默细胞，自带快乐秘方，总能给大家制造惊喜，制造欢笑。比如，工作间隙，他给大家讲个搞笑的故事，逗得大家乐开了花，工作的苦累瞬间烟消云散；开个得体的玩笑，让神情沮丧的同事马上破涕为笑；他们还善于激励别人，鼓舞大家积极面对工作；他们活力四射，善于自嘲，哪怕工作再苦再累，也能找到苦中作乐的理由，深深感染着大家。

关键少数派 5：无私导师

团队中有一种人，他们天生乐于无私助人，乐于分享。公司来了新人，当大多数人都不关注新人时，他们却能像长辈一样关心、照顾新人，无私地把个人经验分享给新人，指导新人开展工作。这在无形中就扮演了教练、导师的角色，通过一帮一带的形式，让新人顺利地融入企业大家庭。

无私分享，乐于指导他人，是非常可贵的品质。很多有能力的人，不见得愿意帮助别人成长。很多绩效突出的人，不见得愿意分享自己取得高绩效的工作方法。所以，能够主动帮助他人提高工作能力，帮助他人成长的员工，值得企业像对待关键少数派那样去对待。

关键少数派 6：猎头高手

企业之间的竞争，归根结底是人才的竞争。可是人才难寻，人才难留，有时候公司花费大量的人力、经费都不能顺利招来合适的人才。就算招来了合适的人才，也不一定留得住人才，让人才长期为公司效力。但管理者做不到的事情，有些员工却做得到。

我见过不少公司有这类人才，当公司某个岗位人才缺失时，他们能够及时给管理者推荐合适的人才。得到管理者的批准后，他们会联系对方，说服对方加入过来。他们就像猎头公司一样，扮演着发掘优秀人才，招揽人才，甚至扮演着"挖人墙角"的角色。所以，我把这种员工称为"猎头高手"。

能够称为猎头高手的员工，通常拥有广泛的交际圈，认识各行各业、各个专业的人，并在平时打交道的过程中，会有意识地了解对方的专长、兴趣、从业年限等信息。还有一点非常关键，他们会想办法把对方的联系方式留下。一旦本公司有合适的岗位，他们就会马上想到相应合适的人。

如果你的团队中有一两名这样的猎头高手，那么你在招聘人才上就会轻松、高效得多。当然，最终受益的是公司，公司会因此节省很多人才招聘成本，而且能让空缺的岗位得到及时的人才补充，减少工作中断，保证公司正常运营。

猎头高手不仅会招人，还会留人。当公司里有人想离职时，他们往往能在第一时间打消对方的离职念头。他们会摆事实、讲道理，帮对方分析离职的利弊。他们甚至还能从职业规划的角度，帮对方分析职业发展的路径，让对方意识到离职是不明智的。这种同事之间的苦心相劝，有时候比管理者居高临下地说服更能留住人心、留住人才。

以上六种特殊贡献者，是企业发展不可或缺的人才，他们也许绩效不突出，也许综合素质不出众，但他们却实实在在地给企业创造着不一样的价值。他们和那些业绩突出的优秀员工一样，都是激活团队的关键少数派。因此，管理者一定要欣赏他们，重视他们，给他们满意的待遇。

2.5　影响力：在团队协作中驱动他人

虽然关键少数派员工绩效卓著，但是在这个强调团队协作的时代，如果你希望关键少数派不只是在业绩上表现突出，还能在其他方面影响他人、驱动他人，那么就必须让他们积极参与到团队协作中来。

美国罗格斯大学教授凯赫和德雷塞尔大学教授特兹巴，曾通过对 456 家生物科技公司进行的研究发现，明星科学家对企业的影响是一把双刃剑。一方面，他们能有效地促进企业的绩效产出，但另一方面，他们也会抑制企业培养其他创新人才。而且他们还容易表现出高高在上或特立独行的姿态，不容易融入到团队协作中，甚至会受到其他员工的孤立。

但是，当这些明星科学家有机会频繁地和其他员工协作时，他们就可以促进其他非明星员工的创新以及进一步提升企业的整体绩效。因此，两位教授认为，最大化发挥关键少数派的影响力的前提是让他们参与到团队协作中来。关于这一点，我们可以透过一场足球比赛来深刻地领会。

2018年俄罗斯世界杯，在淘汰赛的第一场比赛中，法国队对阵阿根廷队。强强对话，注定是激情四射。最终，法国队4:3淘汰了阿根廷队。比赛中，年仅19岁的法国小将基利安·姆巴佩不但梅开二度，还为队友创造了一粒点球。在这场比赛中，他就是横空出世的闪耀明星。

事实上，在此次世界杯出征前，法国队主帅德尚就把象征球队核心的10号球衣授予了姆巴佩。这说明主帅早就看出他是关键少数派，是球队的核心。姆巴佩也通过出色的表现，证明了自己在球队中的影响力，证明了自己在团队协作中是可以驱动他人的。

当然，法国队能够战胜阿根廷队，能够战胜一个个对手，最终捧起大力神杯，与全体队员的努力是分不开的。当中还包括教练、队医、后勤等所有人的努力。如果没有团队协作，关键少数派就没有发挥影响力和驱动力的基础。关键少数派只有在团队协作中才能扮演关键先生，才能发挥关键作用，凝聚人心，鼓舞士气，带队取胜。

同样，在企业管理中，在任何组织和团队中，关键少数派都必须借助于团队协作来影响和驱动他人。在这方面，有一个特别典型的例子：

在麦肯锡北京分公司，曾经有一位咨询顾问（如今已是项目经理），当他还处在新人阶段时，就会在做好本职工作之余，在项目之外主动去做一些值得做的事情。一个偶然的机会，他得知一位同事利用业余时间在某慈善基金会担任委员——主要任务是帮助家庭困难的青年和即将出狱的年轻人培养创业技能，他就主动找到同事，要求参与到这个团队活动中来。

半年之后，他不仅完全融入到这项事业中来，还主动邀请公司里一大批人帮助光华慈善基金会梳理他们的战略和评价体系。这其中包括公司的项目经理，还有一些比他资历更深的咨询顾问。

通过这个例子我们可以发现：关键少数派不需要别人赋予他什么权利和高职位，他仅仅是在团队协作中通过个人的影响力，来驱动周围的人同时领导别人。所以，作为管理者，要想使关键少数派最大化地发挥影响力，就必须设法让他们参与到团队协作中来。下面有两点可供参考：

1. 布置一个团队项目，让关键少数派去负责

身为管理者，经常会给员工布置工作任务。有些工作任务可以单独完成，有些则需要团队协作去完成。因此，在布置工作任务时，除了考虑任务的难度和完成任务所需要的人数之外，管理者还应该考虑到关键少数派的"合群性"、"合作性"。

针对合群性、合作性不太好的关键少数派，管理者可以有意识地给他布置一些团队项目，或让他担任项目的负责人，主管整个项目，带领其他成员去完成。或让他们在项目中担任辅助角色，先配合他人、支持他人的工作，以便更好地融入团队协作中去。

2. 教给关键少数派一些融入团队协作的技巧

每个人都希望自己的工作得到大家的支持和认可，而不是反对。而这有个前提，那就是必须让大家喜欢自己。关键少数派也有这种心理，但怎样让别人喜欢自己呢？

首先，要相互支持、相互鼓励。想要赢得他人的好感，第一条就应该做到在工作中相互支持、相互鼓励。除了工作中的相互支持，还应该尽量和大家一起共同经历一些事情，这也是对他人的支持。比如，参加公司举办的各种活动，接受同事的周末邀请，礼貌地关心他人的生活，等等。

其次，要保持谦虚的精神。没有人喜欢骄傲自大的人，这种人在团队协作中是不会被认可的。也许关键少数派在某些方面比他人强，但他更应该把注意力放在别人的强项上，去欣赏别人，向别人学习。这样才容易赢得他人的尊重和好感。

再者，要懂得资源共享。因为团队是一个整体，需要的是综合能力和整体绩效。不管一个人的能力有多强，如果他的能力没有充分融入到团队中，到了一定阶段势必会给整个团队的健康发展带来阻力。资源共享是团队协作不可缺少的内容，也是衡量团队凝聚力和团队协作能力的重要指标。

最后，要包容团队成员。在团队协作过程中，大家要一起讨论问题，如果一个人固执己见，不懂得听取他人的意见，或无法与他人达成一致，团队协作就无法进行下去。而听取他人的意见，需要包容之心。即使他人犯了错，也要本着共同进步的原则去帮对方改正，而不是一味地抱怨和斥责。

以上四点，是管理者应该教给关键少数派的。如果关键少数派能够做到以上四点，相信他们就能轻松融入团队，并与大家愉快地协作，从而有效地发挥个人的影响力，更好地驱动大家、带动团队进步。

2.6　给关键少数派影响他人的机会

　　关键少数派虽然能力很强，但如果他们只是在普通的职位上，甚至只是埋头苦干，没有参与团队协作的机会，那么他们的这种超强能力所产生的影响力和驱动力就十分有限。因此，要想充分发挥关键少数派的影响力，管理者必须让他们有影响他人的机会。

　　那么，怎样才能让关键少数派有影响他人的机会呢？如图 2-5 所示：

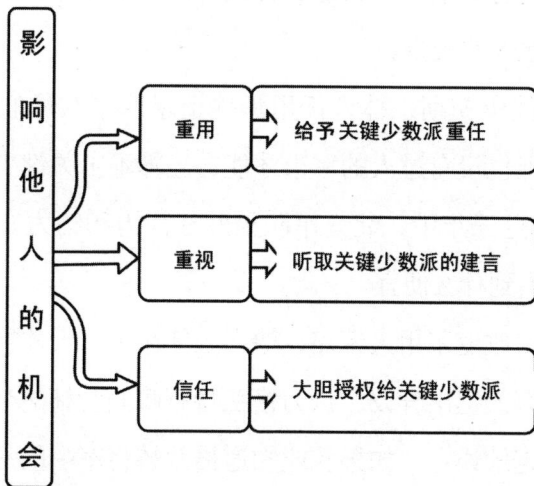

图2-5　给关键少数派影响他人的机会

1. 给予关键少数派重任

据《尼克松回忆录》记载：基辛格与洛克菲勒是私交甚好的朋友，在洛克菲勒与尼克松两次竞争共和党总统候选人提名的角逐中，基辛格每次都全力支持洛克菲勒，公然反对尼克松。可是，最后获得了竞选胜利是尼克松。

在尼克松当选美国总统后，他不计前嫌，仍然对基辛格委以重任，任命基辛格为国家安全顾问。就这样，基辛格成了尼克松外交决策的高级智囊，在尼克松执政期间发挥了重大的影响力。

这个例子告诉我们，一旦你明确了谁是关键少数派，就要对其委以重任，把他安排在最适合、最能发挥影响力的位置上。尼克松能够不计前嫌，重视反对自己的人，我们管理者为何不能重用能力突出的关键少数派？这要求管理者拥有宽大的胸怀，能够容人之短，用人之长。如此，就能给关键少数派影响他人的机会。

美国南北战争初期，林肯任用那些追求四平八稳的将军。这些将军没有大缺点，但也没有过人的军事才能，还算不上关键少数派。结果，从1861—1864年这三年中，北方军队虽然在人力和物力方面优势巨大，但在战场上却没占到什么便宜。

后来，林肯改变了用人策略，他大胆任命军事天才格兰特为北方军的总司令。当时有人提出异议，认为格兰特有嗜酒贪杯的毛病，难堪大任。但是林肯却坚定地说："如果我能知道格兰特将军喝的是什么品牌的酒，我就会给其他各位将军也各送上一桶。"

对军人来说，打胜仗才是最重要的，至于爱喝酒，这并不影响其发挥军事才能。事实证明，林肯的任命是明智的，在格兰特的指挥下，北方军屡战屡胜，最后赢下了南北战争。

企业用人也是如此，要用人之长，还要容人之短。因为金无足赤，人无完人，再优秀的关键少数派也有缺点。而且往往优点突出的人，缺点也很明显。这个时候，考验的就是管理者用人的胸怀了，若能不受关键少数派的缺点影响，毅然对他们委以重任，那么他们就能充分发挥影响力。

当然，这并不是说可以纵容关键少数派的缺点。要知道，关键少数派由于在团队中居于特殊地位，其优点能催人奋进，能带动团队；其缺点也会给团队造成较大的消极影响。因此，在重用关键少数派时，还应引导他们注意缺点，收敛不良言行，避免给团队带来负面影响。

2. 听取关键少数派的建言

前文我们说过，要想发挥关键少数派的积极影响力，就应该鼓励他们大胆发声、积极建言。而当关键少数派发声了，提出了个人想法和建议时，管理者应该表现出足够的重视。要认真倾听他们的建议，思考其建议的合理性。对于有效的建议，应该采纳并实行。这样关键少数派的影响力就可以渗透到整个企业运营当中，驱动更多的人前进。

事实上，管理者不只是应该认真听取关键少数派的建言，还应该认真听取团队任何成员的建言。因为通过大家的建言，管理者可以更好地了解员工的思想、创意和智慧，从而有助于管理者识别出团队中的关键少数派。

日本索尼公司创始人盛田昭夫有一个习惯，那就是喜欢和员工一起就餐、聊天，这样可以增进与员工的感情，培养上下级关系，还能了解员工的想法。这天吃饭时，盛田昭夫发现一个年轻员工郁郁寡欢，谁也不搭理。于是他主动坐到他对面，与他攀谈起来。

拉了几句家常后，年轻员工说出了心事："我毕业于东京大学，原本有一份待遇优厚的工作。但是由于对索尼公司崇拜已久，最终选择了索尼。但是，我发现自己并不是为索尼工作，而是为课长工作。坦率地说，这位课长是一位无能之辈，我所有的行动与建议都要课长批准，我有一些小发明与改进，课长不仅不支持、不解释，还挖苦我癞蛤蟆想吃天鹅肉，说我有野心。对我来说，这名课长就是索尼。我十分泄气，心灰意冷。这就是索尼？我真的后悔当初放弃了那份待遇优厚的工作。"

透过员工的这番话，盛田昭夫意识到公司存在的问题，也认识到这名员工胸怀大志，拥有特别之处。后来索尼公司刊登各部门的求才广告，员工只要对职位感兴趣，就可以自由而秘密地去应聘，他们的上司无权阻止。

此外，为了激励员工，让大家保持工作干劲，索尼公司出台轮岗制度。对于那些能力出众、干劲十足的员工，他们将有更多的晋升机会，从而可以更好地施展才能。

从这个例子中，我们可以发现认真听取员工的想法，尤其是关键少数派的建议，对团队建设和企业发展的重要性。案例中的年轻员工虽然尚不是关键少数派，但他有成为关键少数派的潜质，最关键的是，他的积极建言得到了盛田昭夫的重视，并由此引发了企业管理上的改革，最终推动了公司的发展。这不就是他的个人影响力和驱动力在发挥作用吗？

3. 敢于授权给关键少数派

汉高祖刘邦曾说："我之所以有今天，得力于三个人，运筹帷幄之中，决胜千里之外，吾不如张良；镇守国家，安抚百姓，不断供给军粮，吾不如萧何；率百万之众，战必胜，攻必取，吾不如韩信。三位皆人杰，吾能用之此吾所以取天下者也。"

这番话说明了慧眼识人、正确用人的重要性，更确切地说，这说明了信任人才，充分授权的重要性。如果刘邦当初不充分授权，张良、萧何、韩信又如何能充分施展拳脚，去影响整个团队呢？所以，管理者要敢于授权给关键少数派。

哈佛商学院的管理学教授迈克尔·波特曾指出："领导者唯有授权，才能让自己和团队获得提升。"关键少数派能力突出，他们需要管理者给他们提供施展拳脚的平台和机会，以充分发挥积极性、创造性。如果管理者不懂得授权，或授权不充分，对他们表现得不放心，就很容易让他们变得束手束脚。

希尔顿 21 岁时，父亲任命他为一家旅店的经理。同时，转让了部分股权给他，让他打理这家旅店。可是父亲对他不放心，经常干涉他的工作。这让他非常不满。正因为年轻时亲身体验了有职无权、处处受约束的感受。所以，后来当他成为希尔顿饭店的掌门人时，他在授权给下属之后，绝不轻易干涉下属，被授权的下属也才能充分施展自己的才华。

对于关键少数派，管理者应该有充分的信心。因此，在授权给他们时，要做到干脆、彻底，要做到授权后，不轻易干涉，给他们充分的自由和权限。就像美国内陆银行总裁曾说过的那样："授权给他人后就完全忘掉这回事，绝不去干涉。"

第三章

造就：好玉要打磨，能力是培养出来的

　　玉器——使用天然玉石加工制成的器物。即使是天然的玉石，要想成为上好的美玉，还需精心打磨。同样，员工的资质再高、学识再多，要想成为真正有能力、有见识的人才，还需不断地培养和磨练。因此，管理者要对员工"狠"一点，给员工压力，给员工挑战，给员工培训，给员工成长的机会。

3.1 引导思考，越提供解决方案问题越多

有个渔民在多年的捕鱼过程中，练就了一手高超的捕鱼本领。为了把这套看家本领传给儿子，他总是手把手地教儿子捕鱼。一出现问题，就立刻去帮儿子解决。多年以后，渔民老了，捕不动鱼了。可令他失望的是，儿子在捕鱼过程中遇到问题时，还是不知道怎么解决。每次出海，总是收获寥寥。

为什么渔民的儿子成不了捕鱼高手？因为他总是手把手教他，遇到问题就帮儿子解决，而没有引导儿子学会独立思考。这样从眼前来看，好像问题解决了，实际上由于没有培养儿子解决问题的能力，日后会出现更多的问题。

管理也是这个道理，不少管理者喜欢告诉员工解决问题的方法和方案，让员工照他们说的去做。就算员工有不同的想法，也不允许员工提，或员工提了他们不采纳。如果员工不听话，按自己的想法去解决问题，没出问题还好，一旦出了问题将会被痛斥一顿。

赵经理喜欢走动式管理。这天，他走到高级企划员小刘身边，说："小刘，昨天交给你的企划方案看了吗？你觉得我的思路怎么样？框架结构是不是很有逻辑性？是不是比以前清晰很多？这个方案我可是花了功夫的，连续三天晚上加班才做出来的！"说这话的时候，赵经理有些得意。

"经理真是太敬业了，是大家学习的榜样。您的方案我看了，思路很清晰，结构很合理、很严谨，比以前所有的方案都好。不过我有个想法，我认为咱们公司应该扩大客户群体，让更多的客户了解我们的产品，以便给公司带来更多的收益。毕竟今年公司的销售额持续下滑，想办法提高销量是当务之急啊！"小刘先吹捧了赵经理一番，再说出自己的想法。

"小刘，你好像没明白我方案的意图。公司这次促销，目的不是简单地做广告，而是要和优质客户建立稳定的合作关系。管理学上有个二八法则你知道吗？讲的是企业80%的收入是由20%的客户创造，而另外的80%的客户只给公司带来了剩下的20%的收入。至于你说的扩大客户群体，我认为不是重点。小刘啊，我经常跟你讲，做方案要抓住核心，不要眉毛胡子一把抓，否则，什么都抓不住，这个道理你明白吗？"

"赵经理，我明白你的意思，但我认为咱们公司的客户不是太多了，而是明显不够，尤其是开年以来，整体业绩下滑明显。在这种状况下，我们是不是应该抓一抓总体业绩，等业绩上来了，再去划分客户呢？"小刘解释道。

"没错，公司的业绩是下滑了，那是销售部门的事情，我们无法左右。我们也不能干涉他们的工作，我们的工作就是按公司既定方针开展企划工作。当初定的目标就是发展重点客户，现在的企划方案要与这个目标配套，这个思路没问题啊！你还是别说了，赶紧把方案细化下去，在下班前给我一个具体的执行计划吧！"赵经理显得没什么耐心了，边说便转身往办公室走。

走到一半时，赵经理又回过头提醒小刘："小刘啊，以后你不用考虑那么多，那不是你该考虑的问题，你的职责是按照企划大纲细化方案，制定执行计划，而不是操心战略目标和企业发展方向的问题。你可要摆正自己的位置啊，否则对你个人发展没有好处哦！"

在这个例子中，面对员工的不同想法，赵经理表现得有些反感，最后还不忘含沙射影地善意提醒一把。在强迫式命令和打压式告诫下，员工还会积极建言吗？作为管理者，越是给员工提供解决问题的方案，产生的问题就会越多。

对员工而言，会造成以下三个问题：

（1）使员工产生依赖心理，凡事不去思考，反正领导会想办法、给方案。

（2）有朝一日离开了保姆式领导的怀抱，无法适应残酷的职场竞争环境。

（3）由于缺少独立思考方案和独立解决问题的机会，自身能力无法得到提高。

对领导而言，会造成以下三个问题：

（1）保姆式管理会大大增加管理者的工作量，分散其精力，累死的是自己。

（2）本来员工可以独立完成，管理者却要去干涉、去插手，这样容易影响工作进度。

（3）无法培养出能够独当一面能力优秀的员工，也无法激活整个团队的战斗力。

所以，管理者要学会引导员工思考，教会员工如何解决问题。正如丰田生产方式的创始人，被誉为"日本复活之父"、"生产管理教父"的大野耐一所说："没有人喜欢自己只是螺丝钉，工作一成不变，只是听命行事，不知道为何而忙。丰田做的事情很简单，就是真正给员工思考的空间，引导出他们的智慧。员工奉献宝贵的时间给公司，如果不妥善运用他们的智慧，才是浪费。"

怎样才能给员工思考的空间，怎样才能运用员工的智慧？答案是引导式提问。管理学大师彼得·德鲁克说过："过去的领导者可能是一个知道如何解答问题的人，但未来的领导者必将是一个知道如何提问的人。"杰克·韦尔奇也非常重视提问，他说："真正问最多问题和最好问题的那些人，才是领导者。"

接下来，我们该如何运用引导时提问来激发员工的思考力呢？当员工遇到麻烦，来求助于你时，你可以这样做，如图3-1所示：

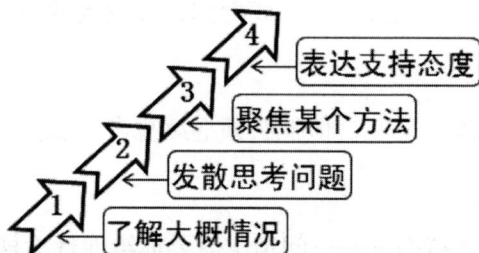

图3-1　引导员工思考的四个步骤

第1步：了解大概情况——让员工明确问题与目标的关系

你可以先反问员工："能不能先把这个问题详细地描述一遍，现在是什么样的状况？如果把这个问题解决了，你希望达到一个怎样的结果？"这样问，是为了让员工明确该问题与公司目标之间的关系。

第2步：发散思考问题——引导员工说出心中模糊的想法

接着，你可以问员工："对于这个问题，假设你是我，你会怎么解决？"员工往往会表达出这种意思："我就是不知道你会怎么处理，才来找你啊！"

这时你应该继续踢皮球："那我们商量一下应该怎么办，你先发言！"鼓励员工说出心中模糊的想法。

如果员工的想法比较离谱，你可以继续问："除了这个方法，还有别的方法吗？"要穷尽员工的想法，至少让他说出三个方法。员工的方法不对不要紧，经常这样发问，是使员工变聪明的过程。时间长了，员工就知道解决问题要用多元化的思维和多样化的方法。

第3步：聚焦某个方法——引导员工去完善，直到充满信心

在员工说的至少三个方法中，如果你觉得有个方法可行，你可以将它挑出来，然后问员工："如果用第二个方法解决问题，你有多少胜算？"

员工往往不会把话说得太慢，他可能说："我只有七成把握。"

这时你可以说："如果想有十成把握，你觉得应该从哪些方面完善这个方法？"

这时，员工可能会晕了，但他必须继续思考，直到自己的方法比较完善了。

第4步：表达支持态度——问员工需要你给他什么样的支持

当员工说"我对自己的方法有十成把握"时，你可以对他说："作为领导，你需要我给你什么样的支持？"这时员工可能会提要求，也可能会说："暂时不需要，等我需要你支持的时候再来找你！"好了，你得了便宜还要继续卖乖，你可以告诉员工："身为领导，我非常乐意为你解决问题，给你提供支持，遇到问题时，欢迎随时来找我！"

下一次，如果员工来找你，求助于你，你还要按照这套提问流程去引导员工思考。当员工发现找你没用，还是要靠自己思考时，他就慢慢学会自己找办法解决问题。如果成功解决了问题，他会得到经验。如果失败了，他会得到教训。最终，他得到成长。

3.2　推动队伍循环流动，加强经验技能交流

为什么喜马拉雅山的水不能流入亚马孙河？这是华为总裁任正非提出的一个很有创意的问题。任正非喜欢用喜马拉雅山的水流入亚马孙河，来说明在零距离的互联网时代，干部是可以流动的。当一名干部在一个地区取得成功时，将他抽调到其他地区去战斗，有助于他的成功经验被复制和推广。

华为公司知识管理负责人谭新德说："如果能让公司辛苦培养起来的干部流动起来，把好的经验传递下去，公司无论在管理方面还是经营上都会有一个很大的提升。"任正非十分赞同这个观点，他曾在内部讲话中表示："要推动队伍循环流动，进一步使基层作战队伍的各种优秀人员在循环流动过程中，能够流水不腐，形成整个公司各个层面都朝向一个胜利的目标，努力前进和奋斗。"

干部流动起来，可以提升公司管理和经营上的效率。员工流动起来，同样可以提升公司的整体绩效。比如，通过岗位轮换制，每隔一个周期，就实行一次岗位轮换，可以推动队伍循环流动，加强工作技能和经验的交流，从而实现公司整体绩效的提升。

所谓岗位轮换，指的是在不改变工作流程和岗位职责的情况下，让员

工在性质类似、要求相近的不同岗位之间相互轮换，以减少员工长期从事单一工作产生的枯燥和厌烦，减少由此衍生出来的工作倦怠感和工作效率的下降。

岗位轮换在日本和欧美发达国家的企业和组织中得到了广泛应用。在有些国际知名的大企业，岗位轮换已经成为制度化、常态化的东西，成为人力资源管理的宝典。比如，在丰田公司，各级管理者每五年进行一次岗位轮换。在摩托罗拉公司，人力资源、行政、培训、采购等非生产部门的员工大多具备生产管理的经验，这些部门的岗位经常采取轮换制。

在IBM，岗位轮换已经成为其文化的一部分。IBM有一个"2-2-3"规则，指的就是在一个职位上工作两年，上一年绩效考核成绩为2（即良好）以上，用3个月时间把原来职位遗留的事务处理完后，就可以轮岗。通过岗位轮换，大多数员工被培养成较为全面的复合型管理人才。

在日本索尼公司，每周出版一次的内部小报上，经常会刊登各部门的"求才广告"，如果员工不想继续从事当前职位的工作，可以自由而秘密地前去应聘。这种"内部跳槽"式的人才流动，也是岗位轮换的一种模式，为人才的可持续发展提供了帮助，也为人才之间的经验、技能交流创造了机会。

麦肯锡大中华区总裁欧高敦和另外几位麦肯锡高层认为，岗位轮换是培养复合型人才的关键。这一点在明基电通信息技术公司得到了最好的印证。该公司的营销总经理曾文祺通过岗位轮换制，用很短的时间培养出一批优秀的人才，并把他们输送到明基电通公司在世界各地的机构。这一举措很好地实现了人才队伍循环流动，加强了内部经验技能的交流。

通过岗位轮换推动队伍循环流动，固然有很多优点，但这一举措的重点在于加强经验技能交流，实现团队整体工作绩效的提升。因此，在这里我们重点讲一讲如何加强团队内部的经验技能交流，这里有以下三点值得借鉴：

1.为员工提供经验技能交流的平台

毫无疑问，员工的经验技能需要一个平台去输出、展示，每月的"合理化建议""持续改善会议""新点子交流会议"等，都可以为团队内部交流打造一个输出的平台，使员工之间把经验技能交流当成一种常态化的工作内容。

员工之间既可以用辩论的方式交流经验技能，也可以通过静态的文字书写方式交流经验技能。既可以交流如何改善工作方法，如何提升工作业绩，也可以交流如何开发新产品，如何提升客服质量，还可以交流如何降低公司经营成本，比如，如何节约用水、用电，如何降低采购经费。在交流中，大家通过思想碰撞，智慧交融，往往会迸发出意想不到的创意。

2.交流不设限，避免给员工思考画圈

谁说销售人员不能给客服部门的人提供好点子？谁说研发部门的员工不能给人力资源部门提供好点子？谁说产品制作包装的好点子，只能由研发部门想出来？美国3M公司的知名便利贴Post-it，就是根据该公司的一位普通职员，"不小心"提出的创意而创造出来的。因此，在经验技能交流时，管理者切勿给员工的大脑设限，给员工的思考画圈。

明智的做法是，让员工可以不受任何限制地提供其所能贡献的经验和技能，这样才能让员工获得成就感，让员工觉得经验技能交流有趣，以后他们才愿意积极地参与到经验技能的交流中来。

3.3 员工的见识比知识更重要

有位朋友从美国回来开了一家公司，叫我帮忙推荐一位靠谱的设计师。我就把原来的一名不错的下属推荐过去了。后来，我发现朋友公司设计的每张海报都很好看，但我很清楚所推荐的原下属（设计师）绝对没有这水平。好奇之下，我就打电话去询问这位原下属。

原下属解释说，他的每一张海报设计都是在我那个朋友的指导下完成的。这下我就更好奇了，又打电话给我朋友："我明明记得你在美国学的不是设计专业，你怎么能指导设计师做出这么好看的海报呢？"

朋友说："我并不懂什么设计，我只是在美国留学期间喜欢看各种杂志，我觉得那些杂志的封面特别好看，于是我把那些杂志有意地留存起来，每当需要设计海报时，我就找出当时看过的杂志，扔给设计师，让他参照那些杂志的封面风格来设计公司的海报。"

听到这儿，我恍然大悟：多么简单而又容易被忽略的问题，如果一个人连美的东西都没见过，如何能设计出美的东西呢！这个道理简直涵盖了生活的方方面面。比如说，有些年轻人找不到喜欢的工作，对职业生涯感到迷茫，怎么办呢？

按照袁岳写的《趁年轻，折腾吧》这本书的主旨来说，年轻人应该广泛地尝试各种不同类型的工作，直到找到自己感兴趣的工作。要知道，在《中华人民共和国职业分类大典》的职业分类中，我国目前共有 1979 个职业，而且每年平均会诞生 85 个新职业。你是否被这个数字吓一大跳呢？很多人连 50 个职业都说不出来，更别说接触了这 50 个职业，就在那里大声感叹：没有我感兴趣的工作！

所以，很多时候是见识太浅薄，导致看问题的角度太狭窄。就像那句话说的："限制我们想象力的不是贫穷，而是我们坐在里面的这口井。"这就是为什么华为总裁任正非说："我强调公司要开放，见识比知识还重要，交流常常会使你获得一些启发。"因为见识是知识以外的阅历、经历和经验，使你知道自己不知道的事情，重视开拓见识，增加阅历，是所有成功的起点。

那么身为管理者，怎样培养员工的见识呢？

1. 鼓励下属主动走出去，多与人交流

2017年12月11日，任正非在华为驻喀麦隆代表处发表了这样一段讲话："我觉得你们年纪轻轻就走出国门，就到了艰苦地区，不要自闭于代表处，自闭于首都，要大胆地融入当地社会，更重要的是要融入当地的上层社会，市场的机会、格局的形成，都在他们手里。西方人好运动，你们固守在'闺房'中，如何交朋友？打球去、滑雪去、参加水上运动去……一切运动都是接近客户的机会。"

任正非还以咖啡为例，来说明怎样去寻找交流的对象。他说："一杯咖啡吸收宇宙能量，不是咖啡因有什么神奇的作用。而是利用西方的一些习惯，表述开放、沟通与交流……咖啡厅也只是一个交流场所，无论何时、何地都是交流的机会与场所，不要狭隘地理解形式。"

在任正非看来，法国的花神咖啡馆是几百年来文人作家的交流场所；摩洛哥里克咖啡馆是二战期间各国间谍的交流场所；老舍茶馆、成都的宽窄巷是用品味吸引人们去交流。如果你约不到人，找不到交流对象，那么去咖啡馆、茶馆就可以获得与人邂逅的机会。

身为管理者，我们还可以鼓励下属与同行人士交朋友，多与同行交流。除了同行，还有各行各业的人都值得去交往，交际面越广阔，交流就越多，

见识也就越广，这有助于员工在工作上发挥更多的能量。

2. 给员工创造去其他企业实习的机会

如果你去欧美国家旅行过，你看到的只是物理和视觉上的国外风情，但如果你有机会在欧美国家的某个公司实习三个月，你会发现，之后你不会再对这个城市、这个国家感到陌生。这就是实习的价值。作为管理者，如果可以的话，不妨和其他企业建立相互实习的合作机会，让双方公司的员工可以定期去对方企业实习。通过实习，可以激发员工更多的工作能量和创新灵感。

3. 让员工有机会跟着"大人物"工作

增长见识还有一个非常实用的办法，那就是想办法跟随一个大人物工作。特别是对于新入职的员工，如果有一个前辈带着，新人就很容易适应公司的环境，快速进入角色适应岗位需要。如果能让员工跟着"大人物"工作，那么他将会去很多永远进不去的地方，听到很多永远听不到的讲话，学会很多永远不知道如何处理的事情。如果大人物器重员工，还会随时跟员工分享工作心得。这种感觉就相当于外出旅游，有一个导游为你解说一样，这种感觉和见识，与你独自去旅游是完全不一样的。

那么，什么样的人才算得上是"大人物"呢？一般来说，称得上"大人物"的人，首先要有相当出色的工作能力。其次，在公司有较高的资历，属于公司元老级、骨干人物。再者，在特殊领域有独特建树和成就的人。当然，大人物也是相对的，对于新员工来说，如果能安排一位老员工带一带，那也能快速拓宽新员工的见识，提升新员工的工作能力。

3.4 没有什么比实践更能培养人

成功的企业家总能引起社会各界的广泛关注，他们身上有很多优点值得我们学习。听他们的演讲，我们可以受到很多启发。了解他们的创业经历，我们可以获得很多动力。特别是一些草根企业家，更容易引起我们的共鸣。然而，他们并非是天生的企业家，他们也是从实践中摸爬滚打，一步步走向成功的。

看看新东方教育集团的创始人俞敏洪，老干妈麻辣酱的创始人陶华碧，巨人网络集团董事长史玉柱，阿里巴巴主要创始人马云，格力集团前董事长兼总裁董明珠，曾任联想控股有限公司总裁、董事局主席的柳传志，还有海尔集团董事局主席、首席执行官张瑞敏，以及蒙牛乳业集团创始人牛根生……他们的成功告诉我们一个简单而深刻的道理：实践最能培养人，实践最能历练人。

常言道："实践出真知。"纸上得来终觉浅，绝知此事要躬行。没有什么比实践更能培养人，想要提升员工的能力，最好的办法就是为员工创造机会，让员工不断在实践中接受锻炼，获得成长。

那么，企业可以为员工提供哪些实践机会呢？接下来，我们就来逐一介绍。

1. 给员工提供跨地区、跨业务部、跨岗位的工作机会

对于一些大型的跨国公司或有着多家分公司的集团企业来说，可以为员工提供跨地区、跨业务部、跨岗位的工作机会。这样有利于员工了解公司运营的各个方面，从而培养出全面的管理能力，并建立广阔的人脉。

荷兰皇家壳牌集团在新人进入公司的前三年，会给新人提供两个不同的工作岗位。这样既有助于新人了解公司的运营，又能帮他们建立专业领域内的专业能力。三年之后，公司会对人才进行评估，再决定把人才安排到什么岗位上。

IBM 公司有一个总经理发展模式，他们会安排高潜力人才去承担各种不同职责的工作。比如，担任整合者，进行全球业务管理等，以提升他们的综合管理能力。

万科集团作为职业经理人的摇篮，每年都有人才轮岗计划。公司规定，只要其他部门接收，原部门就不得阻碍人才进行轮岗。

联想集团为人才提供了一些跨区域的轮岗，各地分公司的人才到总部工作一段时间后，再派回到分公司。这有利于人才了解总部的管理理念和整体规划，有助于他们与总部建立关系，便于以后开展工作。

2. 给员工提供特别项目或任务小组之类的短期项目

特别项目或任务小组之类的短期项目是在本职工作之外的任务，对于渴望进步的员工来说，这种实践锻炼的机会投入少、见效快，可以帮助员工迅速了解其他职能领域，在公司内部有更高的曝光度。比如，美国强生公司给高潜力人才提供海外工作的机会，还有一些区域性的项目，让他们去担任团队领导，和其他国家的员工一起合作。再比如，当公司出现一些难题，大家无法解决时，管理者可以临时安排高潜力人才去解决。

3. 给员工提供跨价值链、跨行业的人才互换机会

这种实践机会有利于开拓双方人才的视野，积累更丰富的工作经验。比如，可口可乐公司就经常与装瓶商之间进行人才互换项目，让自己公司的员工去瓶装公司接受学习和锻炼。联合利华公司就经常给员工提供一年

内的区域性人才互换项目，让员工接触更广泛的领域，更好地了解公司的运营情况。

4. 给员工提供海外工作的机会，以培养全球视野

对于试图走全球化道路的公司来说，培养全球化的人才是迫切的需要。而培养全球化人才的有效方法之一，就是把人才派往海外工作，让他们在跨文化的环境中接受锻炼，开拓眼界，提升跨文化的管理能力，并积累全球各地的人脉。

比如，强生公司的海外派遣周期从一年半到四年不等，公司总部有专门的部门协调安排。在派遣之前会和接收方进行充分的沟通，提供明确的人才发展计划，确保海外派遣能够满足人才的发展需要，也能满足接收方的工作需要。

在进行海外派遣时，要考虑人才的年龄、家庭状况、人才的意愿，以及工作性质予以区别对待（跟随别人学习还是独当一面承担责任）。如果员工的家庭状况不便于去海外工作，或员工不愿意去海外工作，或员工年龄过大，不适合去海外工作，那么企业应充分尊重员工的意愿，切勿强求。

5. 给员工提供职业实习的机会

对于不了解的岗位，初次接触的那段时间，都可以叫"实习"。比如，让高潜力人才担任总裁助理，跟着总裁一起工作。既可以了解总裁的日常工作，也可以学习总裁的工作方式和管理智慧。IBM 就会给高潜力人才提供这样的实习机会。再比如，公司未来将会成立某个新部门，公司员工都没有胜任该部门岗位的经验，那么管理层就可以考虑给员工提供去同行公司实习的机会，积累相关的工作经验，以便日后能够胜任本公司的相关工作。

3.5　升级任务压力，让团队在挑战中成长

在中国空调行业，说起格力空调，无人不知，无人不晓。说起了格力空调，人们就会很自然地想到他们的铁腕总裁董明珠，这个从普通销售员做到 CEO 的女人，为格力电器走向世界做出了巨大的贡献，也成就了自己人生的辉煌。

董明珠之所以能够不断成长，并且能够成就卓越，与她的进取心和挑战欲是分不开的。1990 年，董明珠进入当时名叫"海利空调器厂"（格力电器的前身）做业务员。几个月后，她被领导派往安徽开拓市场。到了安徽之后，她才发现有一个烂摊子急待她处理。

原来，有位经销商拖欠了公司 42 万元的空调货款。公司希望她能够追回这笔货款，董明珠没有退缩，而是勇敢地接受了挑战。她用了 40 天的时间，硬是把货款要了回来。从此，董明珠给自己立下铁律，必须"先款后货"，这也成了格力日后独树一帜的销售政策。

在不断接受新挑战，不断接受新考验的过程中，董明珠不断展露强者姿态，这也是格力电器后来拥有行业强者姿态的真实写照。后来董明珠说："市场不相信眼泪，只相信强者。只有把企业变强大，企业才会有未来。"

要想整个企业变强大，企业整个团队就必须不断升级任务压力，不断在挑战中成长。作为企业管理者，要学会赋予员工挑战性的工作，充分激发员工的成就感，培养员工的敬业精神。给员工的挑战越多，员工成长得就越快，企业发展就会越快。

亚新科工业技术公司董事长杰克·潘考夫斯基是一位重视给员工挑战的管理者。他总是鼓励员工接受有挑战性的工作，他相信挑战意味着发展

机会，能激发员工的工作潜力。当成功应对挑战时，员工会获得强烈的成就感，进而释放出更大的工作热情。

倪威是亚新科主管全球营销业务的副总裁。1998 年，他刚进入亚新科时，主要负责出口业务。此前，他没有这方面的工作经验，但是他觉得这份工作很有前途。当时亚新科不知如何控制成本，为了及时供货，有一年光是发货到美国的空运费就高达 50 万美金。怎样才能控制成本呢？面对这个难题，倪威在潘考夫斯基的鼓励下，义无反顾地接受了挑战。

每天晚上，倪威带着计算机到车间去做统计。慢慢地，他意识到物流是关键问题。接着，他观察运输公司发货数据的变化。几个月后，他编出了一个有效控制发货时间的程序。这个程序大大降低了公司的运输成本，并沿用至今。鉴于倪威出色的表现，他被任命为公司主管出口业务的负责人。2004 年，潘考夫斯基又让倪威负责全公司的销售工作。

对于自己的职业表现，倪威谦虚地说："总有新的课题摆在你的面前，总是有挑战，我的人生价值在于实现，这让我每天可以精神抖擞地去工作。"有挑战才有进步，当整个团队在挑战中成长时，企业自然就会发展壮大。

管理者要相信员工，放手让员工去做有挑战性的工作。管理者要对员工"狠"一点，不断提高对员工的要求，迫使员工不断成长。当员工在挑战中获得成绩后，就会因受到充分的认可和鼓励，变得更加自信，更加珍惜所从事的工作，继而对工作投入更多的热情。

那么，应该如何给员工升级任务压力呢？有下面几个要点：

1. 不断提高工作标准，使结果更完美

不知道你是否发现，当你要求员工把工作做到 60 分时，员工往往只做到 50 分；当你要求员工把工作做到 80 分时，员工往往只做到 60 分；

当你要求员工把工作做到 100 分时，员工只做到 80 分；当你要求员工把工作做到 120 分时，员工才可能把工作做到 90、95 分甚至 100 分。

这就是说，员工执行的结果往往低于你期待的。如果你想员工表现得更好，那就要对员工提出更高的要求。只有当你对员工有严标准、高要求时，员工才有压力，才会提高对自己的要求，从而在工作中表现得更令你满意。在这方面，史蒂夫·乔布斯堪称典范。

当年在苹果公司，乔布斯会抓住一切机会向员工施加压力，他经常说出这样的话：

"这款笔记本的大小不能超过一个记事本的大小！"

"我希望有一天这个电脑能够被装进牛皮纸袋里。"

"外观应该更加漂亮一些！"

如果有人对乔布斯的要求表达抱怨，那么乔布斯一定会狠狠回击。有一次，设计师这样抱怨乔布斯的要求："这对我们来说，太难了，根本就是幻想！"乔布斯是这样回应的："这个世界上一定有能够完成它的人，如果你不想成为那个人，那么，我们也可以找到其他想完成并且有能力完成它的人。"

毫无疑问，最终的赢家还是乔布斯。2008 年，世界上最薄的笔记本电脑诞生了，它小巧到可以直接装进牛皮纸袋里被带走。这就是乔布斯不断提出高要求、设立高标准，催逼员工之后的杰作。在这个过程中，员工也变得越来越出色。

2. 从团队合作层面给员工提出高要求

史玉柱曾说过："如果需要 15 个人，最多配 7 个人就够了，甚至还可以更少。但是要求每一个人要是非常能干的，他的个人素质、个人品质又可以胜任。所以说选中这样的人的时候，给他两倍的薪水，让他去做三个人的事，其实大家都开心。对公司来说，人少了战斗效率高了，为公司创造的成果多了。对个人也好，收入也高了。再一点，因为身边工作的人少了，每一个人的人际关系也变得简单了。因为人一旦闲下来，就会惹事，有破坏性，会抵消其他人做的贡献。"

让7个人做15个人的事，人员减少了，人与人之间的合作关系就会变得更简单，协作、沟通就会更加高效。史玉柱说，他拜访Supercell时了解到，该公司一年的税前利润是15亿美金。这么大的公司，当时只有169个人。其中一半是研发人员，包括旧金山的研发团队，而且它在中国还有一个分支机构，这个机构只有两个人。在Supercell，5个人就能组成一个项目团队，单位作战的效率十分惊人。

史玉柱认为，中国传统的企业在人员配置上存在误区。比如，这个部门算下来有多少工作量，先划一个大圈。每一个人是一个小圈，然后找很多小圈把这个大圈盖上。这是传统的思维，但由于多数工作具有脉冲性，并不是每个时间点都需要这么多人，就容易造成人员浪费。所以，他建议精简团队人员，让更少的人做更多的事。既提高了对员工的要求，又实现了效率的巨大提升，可谓一举两得。

3.鼓励员工不断学习，以便胜任挑战

要想员工在压力之下胜任每一个挑战，工作之余就要养成学习的习惯。很多员工说接触不到新技术，你问他为什么，他说没时间。其实，根本原因不是没时间，而是思想上没有重视。如果平时不重视学习，遇到挑战性工作时，又怎么能胜任呢？

丁香园创始人张进曾说过这样一段话："两个都是新入职的同事，也

都是第一份工作，交给他们差不多的事情做，一个想：他奶奶的，就这么点工资，让干这么多活？另一个则想：没想到新人都给这么多锻炼机会。你说过几年谁的成就更大？"

所以，管理者要鼓励员工利用空闲时间去学习，去接触不同的知识，了解不同行业的信息，去做些领域之外的事情。员工接触的越多，了解的越多，积累的知识越多，见识就越开阔，面对压力和挑战的时候，就更能从容应对。

3.6　跟踪工作进程，让团队"时"尽其用

在带团队的过程中，有些管理者把任务布置下去后，就认为可以高枕无忧了。等到突然有一天，发现员工执行出现偏差，影响了整个任务进程时，再来指责员工执行不力。殊不知，出现这种情况，与管理者不重视跟踪工作进程有很大的关系。

一天，王经理对下属小陈说："公司半个月后准备做一个产品的市场推广，你去做一个推广方案……"

王经理和小陈谈了一个多小时，交代了业务背景、重要性、业务目标、权限范围、风险等等。讲完后，他习惯性地问了小陈一句："清楚了吗？"

小陈说："没问题，我马上就去办。"

回到办公室，小陈开始着手做市场推广方案，做着做着，他突然想起

手头做了一半的另一项紧急工作。于是，放下市场推广方案，专心地忙那件事去了。第二天，小陈又接到了经理安排的另一个任务。就这样，市场推广方案被诸多事情给耽搁了。

一周后，王经理把小陈叫到办公室，问他市场推广方案做得怎么样了。小陈一拍脑袋，突然想起市场推广方案还没有做。经理气得直拍桌子，大声质问："你怎么回事啊？交给你那么重要的工作，你居然给我掉链子。"

看了这个案例，你是否觉得其中的场景很熟悉？是否自己的下属也出现过执行不及时的情况？很多管理者感叹：为什么任务布置下去之后，下属拖着不办，催一催才行动。有时候下属执行跑偏，白白花费时间和精力，却没有得到想要的结果。

其实，出现这些情况除了与下属的能力有关，还与管理者不重视跟踪工作进程有关。如果管理者在布置任务之后，提出要求、任务完成期限，并适时地跟踪下属的工作进程。下属执行中出了问题，管理者可以及时指正。下属消极拖延，管理者可以及时提醒、施压。这样下属还会拖延着不办，或执行跑偏吗？

前 IBM 公司总裁路易斯·郭士纳曾经说过一句非常经典的话："人们不会做你希望的，只会做你监督和检查的。"对管理者来说，如果你重视什么，那就去监督、检查、跟进什么。如果你不监督、不检查、不跟进，下属就会认为你不重视。试问，下属怎么会去重视上司不重视的事情呢？

大家都有这样的经验：每当听说上级来检查，都会精心准备一番，以应对上级的检查。这时大家的工作态度非常认真，工作效率非常高。但只要检查结束，大家又会恢复到往日的懒散状态，工作效率也会大打折扣。由此可见，来自上级的监督、检查和工作跟进，对提升下属的执行力十分重要。

那么，管理者怎样跟踪下属以及整个团队的工作进程呢？下面我们就来介绍几种跟踪工作进程的方法，如图3-2所示：

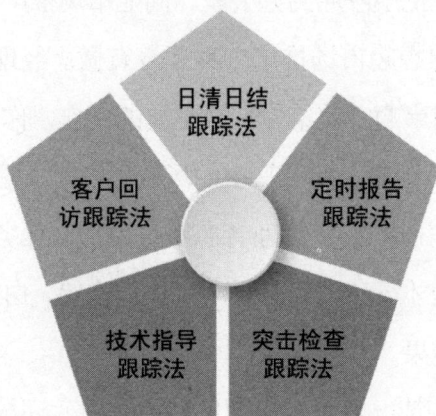

图3-2　跟踪工作进程的方法

1. 日清日结跟踪法

针对工作计划性特别强的工作任务，管理者可以使用日清日结跟踪法，来跟进下属的工作进程。这种跟踪法的目的在于：总结工作中的经验与教训，以预防不良迹象转化为不良现实，及时调整各项资源以保证工作按计划进行。

日清日结跟踪法的具体做法是，让员工每天汇报工作进展，或通过电话汇报工作进展，管理者根据员工的汇报情况，及时做好记录，以掌握员工的工作进展，及时发现工作中存在的问题，并指导员工注意避免。

2. 定时报告跟踪法

针对信息高度集中的岗位，如客户档案管理，可以采用定时报告跟踪法。即让员工定时汇报工作进展，汇报工作中出现的问题。这种跟踪法的目的在于：预防信息库数据错误、缺失，以便及时发现问题，改正问题。

3. 突击检查跟踪法

针对安全管理风险度较高的岗位，比如，工业锅炉房管理、生产车间管理等，采取突击检查跟踪法，目的在于检查安全措施是否到位，是否存在安全隐患。突击检查跟踪法可以让员工感到时刻有一双眼睛监督着自己，一旦有消极怠工、拖延执行的行为，就可能被领导抓住，甚至会受到处罚。这样能够提高员工的自觉意识，提高员工的执行力。

英国有一家大型时尚杂志社，公司的办公区在大楼的 15~20 层。公司的女总编对员工要求很严厉。她规定：每位员工在上班时间内都要穿着正装，女士要穿高跟鞋，男士要打领带。

为了确保大家落实这些规定，女总编经常会搞"突然袭击"，她会不定期地出现在 15~20 层的任何一个区域，以检查员工是否落实了公司的规定和各项工作指标。

对于这位女总编，大家都不敢轻视，都严格按照规定着装，按照公司的要求做事。正因为如此，这家时尚杂志社的形象不断提升，成为国内知名的时尚杂志之一。

可见，管理者突击检查对强化员工的执行力非常有效。

4. 技术指导跟踪法

针对技术性岗位，特别是针对新上岗的员工，或新设备投入使用期的岗位，管理者可以采取技术指导跟踪法，跟踪员工的工作进程。这种跟踪法的目的在于：预防员工因技术不熟练而出现工作差错。通过跟踪，可以在工作中指导员工提高技术的熟练度，以便快速适应岗位需要。

5. 客户回访跟踪法

针对市场业务人员岗位，管理者可以采用客户回访跟踪法，来跟踪员工的工作进程。这种跟踪法的目的在于：预防市场业务人员违规违纪操作，导致的市场真实信息被隐藏。同时，也有利于发现市场人员业务能力水平上的不足与需求，以便更有针对性地指导和培训。

总之，针对不同性质的工作或任务、不同层级的员工，管理者应采用不同的跟踪法。跟踪的松紧度也要有所区别，重要的工作跟踪松紧度要高；一般性的工作跟踪松紧度可相对低一些，以免引起员工的反感，也避免管理者在跟踪上浪费太多时间。但不管怎样，跟踪员工的工作进程都是管理者不可推卸的责任。

3.7 完善培训机制，提升团队解决问题的能力

对于企业来说，企业培训是保持企业向上发展的一种重要途径，是提升团队解决问题能力的有效方式。因此，完善的培训机制就显得非常重要。有了完善的培训机制，企业的人才培训质量才有保证，团队解决问题的能力才能更好地提升。

怎样完善企业的培训机制呢？我认为可以参考以下三点：

首先，坚持新人入职培训，把好人才入门关。

对于新入职的员工，企业应安排专职培训，以保证新人能够快速持证上岗，快速适应岗位工作环境，胜任岗位相关职责。这就像新兵训练营，

分批集中新人训练一周，提高业务水平，让新人有一个好的开始。

针对新人还需实行边干边培训的策略。新人走向岗位后，管理者还需根据他们的表现，针对他们的不足采取跟踪培训。比如，在半年之内，每周组织新人培训一天，解决他们在工作中遇到的问题，快速提高他们的业务素质，提升他们解决问题的能力。

另外，半年之后，针对这批新人，企业还可以进行分层级培训，即根据这些新人的业绩表现，划分"优、良、差"等若干个层级，再对不同的层级进行有针对性的培训，让培训更加贴近员工的现实需要。

其次，针对中层管理人员，实行强化培训。

对于中层管理人员，由于他们入职的时间较长，能力较为突出，培训时最好引进外援，举办强化训练班，提高他们的责任心和管理能力。比如，聘请优秀的企业管理讲师，对公司中层管理人员进行定期的培训。

再者，采取适时的、个性化的培训举措。

在日常工作中，针对团队中遇到的各种问题，企业可以采取适时的、个性化的培训举措。比如，某个业务员签了一个大单，管理者可以组织一个"个案分析式培训"，让该业务员分享一下自己的签单经验。再比如，某业务员跟进一位客户很久，但还是没有拿下客户。管理者可以组织一个"模拟演练"，培训一下业务员的沟通技巧。总之，培训应该成为一种常态化的东西，要随时随地开展正式的或非正式的团队培训。

那么在培训中，怎样才能提升团队解决问题的能力呢？以下三点是培训的重点内容，如图 3-3 所示：

图3-3　团队培训的重点

1.正视问题——最大的问题恰恰是"没有问题"

日本百货业巨子和田一夫曾表示，他在事业成功的时候会骄傲自满，造成在决策中出现失误。这提醒我们，成功是最大的危机，要懂得居安思危，不要只是满足于"没有问题"。因为最大的问题恰恰可能就是"没有问题"。

在企业培训中，管理者要提醒员工：当问题出现时，不要害怕问题，解决问题的过程是一个难得的成长机会。当你直面问题的时候，你就会发现：问题其实没有那么难，而且你与问题的关系，就像猎手与猎物的关系，如果你不消灭它，它就会消灭你。所以，不要逃避问题，而要一开始就重视问题，把问题消灭在萌芽状态。

2.界定问题——把问题界定清楚等于问题解决了一半

尽管解决问题不能没有正确的方法，但只有方法也不一定能成为解决问题的高手。因为如果最开始就把问题界定错了，方法再好也没有用。所以，要想通过培训提高团队解决问题的能力，首先要教大家学会界定问题。

美国思想家、哲学家杜威曾说过："将一个问题良好地界定等于解决了问题的一半。"界定问题要从三个方面入手，即回到解决问题的真正目的、提升要界定问题的层次、考虑从其他方面甚至相反的方面寻找方法。下面，我们就介绍一种界定问题的方法——5W 法。

所谓"5W 法"，又叫"5 问法"，是一种通过连续提出问题来确定问题发生的根本原因的方法。这种方法是丰田汽车公司成功的重要法则之一，被称为"丰田科学方法的基础"。丰田前副社长大野耐一曾运用这个方法，发现了机器停止运转的真正原因。

一次，大野耐一发现一条生产线上的机器总是停转。为什么会停转呢？原来，是保险丝烧断了。但每次更换保险丝后，用不了多久，又会被烧断，机器又停转了。这严重影响了整条生产线的效率。大野耐一意识到，单纯地更换保险丝，并不能从根本上解决问题。于是，他与工人进行了一番对话：

问题 1：为什么机器停了？

答：因为超过了负荷，保险丝就烧断了。

问题 2：为什么机器会超负荷？

答：因为轴承的润滑不够。

问题 3：为什么轴承的润滑不够？

答：因为润滑泵吸不上油来。

问题 4：为什么润滑泵吸不上油来？

答：因为油泵轴磨损、松动了。

问题 5：为什么磨损了？

答：因为没有安装过滤器，混进了铁屑等杂质。

通过连续五次追问"为什么"，大野耐一正确地界定了问题，找到了问题的根源和解决的办法——在油泵轴上安装过滤器，最终从根本上解决了停机的问题。如果不经过层层剥茧般的追问，只是像往常一样更换保险丝，就无法从根本上解决问题。

由此可见，"5问法"对于从根本上解决问题的重要性。在实际应用时，五个为什么还可以进一步扩展到六个、七个、八个、九个为什么。到底问多少个为什么不重要，重要的是刨根问底，把最深层次的原因找出来。

3. 解决问题——思路决定出路，方法决定效率

在正确地界定问题之后，我们要找到最有效的解决问题的方法，以下三种方法值得借鉴：

（1）侧向思维法

所谓侧向思维法，就是从侧面去找到解决问题的突破口。比如，19世纪美国加利福尼亚州出现过"淘金热"，但是因此而暴富的人寥寥无几。其中，有三个人却成了亿万富翁。这三个人不是通过淘金，而是通过卖淘金用的筛子、铁锹和饮用水致富的。这就是侧向思维法的运用。

再比如，英国作家毛姆曾刊登了一则征婚启事：本人是一位年轻有教养、爱好广泛的百万富翁，希望找一位与毛姆小说中的女主角一样的女性结婚。毛姆真的想征婚吗？当然不是，他不过是想以此引起社会关注。果然，他的目的达到了，他的小说销量陡然上升。

（2）转换思维法

罗斯福总统第二次参加竞选时，宣传册中有一张照片的版权属于某家照相馆。在美国，未经授权，擅自使用照片版权，是件非常严重的事情。为了解决这个问题，竞选办公室通知照相馆，在宣传册中放入一张罗斯福总统的照片，而照相馆的照片也在备选之列。照相馆自然会答应，因为罗

斯福总统是声名显赫的政治家，影响力和威望毋庸置疑。就这样版权问题解决了。这就是转换问题的方向，从而解决问题的思维模式。

（3）逆向思维法

逆向思维指的是从相反的方向去思考问题，找到解决问题的突破口。这是一种积极的解决问题的态度，它能把危机变成机会，把坏事变成好事。

20世纪80年代，一位中国学生在加拿大留学。期间，不小心把热水瓶碰倒在地，里面的瓶胆碎了。当他去学校商店买瓶胆时，店主却说瓶胆不单卖，要买就得买整个热水瓶。他跟店主理论了几句，却被店主骂了一通。

突然他灵光一闪：既然学校商店不单卖热水瓶的瓶胆，为什么我不做这个生意呢？学校里肯定有不少同学有我这种需求，这可是个大市场。于是，他跑到几公里之外的市场，批发了20个瓶胆，在学校食堂前摆了个摊。结果，瓶胆很快就被抢购一空。接着，他又购进了100个瓶胆，很快又卖完了。就这样，他赚了一笔钱。从此，他走上了创业道路。

本来是买瓶胆，却突发奇想卖瓶胆。可见，逆向思维法在解决问题时，往往能给我们带来柳暗花明又一村的奇效。它要求我们在遇到问题时，停止抱怨，然后对新的变化保持高度重视，从变化中寻找值得重视的因素，再从新因素中寻找机会。

第四章

增援：再厉害的作战团队也离不开
"后勤部门"的支持

各个团队中的各个成员，大家都有本职工作，相对独立，但也需要彼此协作。没有哪个部门是不需要其他部门支持的，再厉害的作战团队，也离不开"后勤部门"的支持。因此，部门与部门之间只有发挥协同作战的威力，才能推动整个企业向前发展。

4.1 最佳团队的实现，要有团队之间相互的支持

"谁都不是一座岛屿，自成一体；每个人都是广阔大陆的一部分。如果海浪冲刷掉一个土地，欧洲就少了一点；如果一个海岬，如果你朋友或你自己的庄园被冲掉，也是如此。任何人的死亡都使我受到损失。因为我包孕在人类之中。所以别去打听丧钟为谁而鸣，它为你敲响。"这是著名诗人约翰·邓恩的一首诗。

尽管这只是一首诗，却深刻地说明在一个团队、一个组织以及一个企业里，部门与部门、团队与团队、人与人之间相互依存、相互影响的关系。只有确保团队与团队、员工与员工之间默契地合作，企业才能形成一股合力，保持强劲的发展势头。

几年前，史玉柱在管理上出大招，通过裁人放权，将干部人数从160人减少到27人，一时间引起了管理界的轰动。通过实施管理扁平化，公司平台化，让小团队有足够的权力自己做决定。

史玉柱还以美军的作战为例，来说明团队之间配合的重要性。史玉柱说，美军作战已经从二战时的军、师级别，细化到如今的连、排级别，甚至每个排都可以独立决策和作战。如此，反而大大提高了战斗力。美军为什么能细化到以排为单位来作战？因为把作战单位拆细，意味着指挥、组织、协作更加简单，作战更加机动。

其实，企业也应该像军队一样，确保各个团队实现完美的协作。销售部门在一线开拓市场，生产部门在后方输送"子弹"，售后部门在后方维护客户关系，做好售后服务，行政部门在后方管理协调，研发部门在后方研制"新式武器"。各团队协同作战，一同为企业开拓疆土，打下江山。

现实中，很多企业部门之间有着厚重的"部门墙"，各部门之间信息传递、工作交流、执行配合不顺畅，主要体现在部门职责不明确或太明确，对于职责流程之外的灰色地带，大家抱着"各扫自家门前雪，不管他人瓦上霜"的心态。面对责任的时候，相互推诿、扯皮，面对利益时蜂拥而上，争抢不休，没有团队合作意识和大局观。

那么，怎样才能打破"部门墙"，实现部门之间的完美协作呢？如图4-1所示：

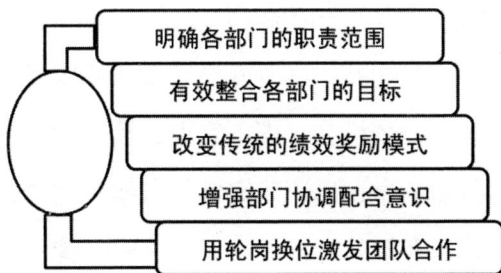

图4-1　实现部门间完美协作的要点

1. 明确各部门的职责范围

不同的部门有不同的职责，做好本职工作是最基本的要求，也是对其他部门最基本的支持。在此基础上，各部门还需明确哪些工作属于部门之间协作的范畴，从而积极地配合，主动地支持。

2. 有效整合各部门的目标

由于各部门职能的不同，导致他们的目标也是不同的。由此，就形成了各自为政的部门目标。因此，管理者应该有效地整合各部门的目标，使大家在整体利益最大化的前提下，合理地调整各自部门的目标，保证符合企业的大方向，从而达到各部门协同作战的效果。

3. 改变传统的绩效奖励模式

传统的绩效奖励模式，往往以各部门为单位，针对不同部门的岗位，设置不同的考核指标，然后针对绩效考核成绩进行奖励。这种考核与奖励的模式并不能完全体现出不同部门之间协作的内容。换言之，各部门的绩效，并非完全由各部门的工作加以体现，因为部门间的协作也能创造业绩。因此，企业应该改变传统的绩效奖励模式。对于在团队配合与支持上做出贡献的部门，企业也应该给予相应的奖励。

一次偶然的机会，公司技术服务专员在做售后服务时，得知一位客户的需求。他意识到这是一个机会，事不宜迟，马上就把这一情况反映给销售部门。销售部门得知消息，迅速研究销售方案。结果，很顺利就拿下了一个大单。月底，公司在绩效考核时，不但奖励了销售部门，还奖励了提供情报的售后部门。

按照传统的奖励模式来看，拿下了大订单，获得了出色的业绩，只有销售部门能够获得奖励。但是上例中的企业，对提供情报的售后部门也予以奖励。这样就能很好地激励售后服务部以及其他部门来支持、增援销售部门，从而从多个角度实现各部门的高度协作。

4. 增强部门协调配合意识

想要部门之间保持良好的协调配合，企业高层还需对各部门进行思想意识教育。要让各部门必须树立工作"一盘棋"的思想，树立企业是"统一整体"的思想。首先，按照各部门的岗位职责，大家各司其职，各负其责，在各自职权范围内，独立负责任地做好工作。其次，围绕企业的战略大目标，在研发、生产、采购、售后、财务、人力资源等各方面相互配合，及时协商解决工作中的问题，密切配合，相互支持，确保问题得到彻底的解决。

5. 用轮岗换位激发团队合作

部门本位主义思想盛行，部门之间协作不力，从某种程度上来说，与各部门主管不懂得换位思考有关。通过企业能够适当地进行轮岗换位，特别是让各部门主管适当地轮岗换位，让他们在其他部门的岗位上，深切地体会到各部门开展工作的不易，如此将非常有利于提升他们对其他部门工作的支持意识，也有利于提高各部门之间的沟通效率。

4.2 信息增援：闭塞的信息导致闭塞的团队

任何一个组织或团队，无论是具体的，还是虚拟的，都需要处理三个要素——物质、能量、信息。其中，信息是最关键，也是流动最快最多的要素。当信息在团队中流动起来时，团队中的人就会迅速地识别，同时启动各种联想和思考，然后在行动上作出迅速的反应。

不过，在很多公司或团队里，信息从高层传递到底层的员工，或从市场部门传递到设计部门，再传到生产部门，中间会经过很多道程序，信息的损耗延迟会非常严重。更可怕的是，有些团队管理者缺乏信息分享意识，有意无意间阻碍着信息的流动和传递，导致团队信息闭塞，最终导致团队反应迟钝。

如果一个团队的信息不能公开，不能让大家共享，那么这个团队的信息就是闭塞的。这就会引起团队成员的相互猜测、怀疑，不利于团结人心、凝聚人心。开放透明的信息传递可以帮助企业克服办公室政治，有效地防止企业内部出现拉帮结派的现象。

团队内公开、共享的信息，还是员工自发性行动的重要源动力。当困难、问题等类似信息传递出来时，对于具备自发行动意愿的成员来说就是发令枪，他们会毫不犹豫地做出反馈和行动。当团队取得好成绩、获得进步等信息传递出来时，对于团队成员就是一种巨大的鼓舞，大家会为自己是团队的一份子而感到自豪。

那么，信息开放透明、公开共享的团队，到底是怎样的团队呢？我们不妨看看美国华裔咨询专家 Charlene Li 是怎么说的。她在《Open Leadership》一书中清楚地指出，开放透明、公开共享的团队，具有以下几个行为特征，如图 4-2 所示：

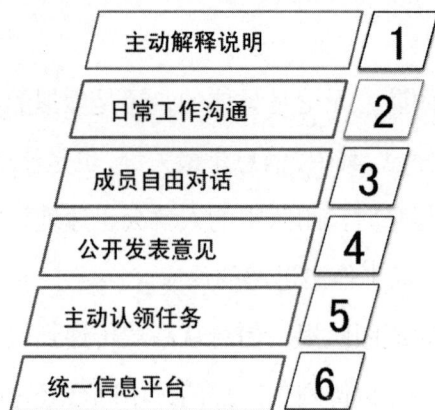

主动解释说明	1
日常工作沟通	2
成员自由对话	3
公开发表意见	4
主动认领任务	5
统一信息平台	6

图4-2　开放透明型团队具有的行为特征

特征 1：主动解释说明

解释说明指的是管理者从上至下地与员工沟通，主要包括解释说明企业的发展方向、战略目标、执行计划等，以便团队成员能够自觉地朝着这个方向去努力。这就像导游带领一群游客观光之前，先简单地向游客介绍此次观光要去的几个景区，出行线路，让游客心中有个大致的了解。

特征 2：日常工作沟通

工作沟通不仅包括员工主动地向上汇报工作，还包括管理者主动向下沟通问题。通过上下级的双向沟通，管理者能够准确地掌握员工的工作进度，了解员工的工作进程；员工也能及时发现自己工作中的问题，以及在遇到问题时，及时与上级商量解决方案。

特征 3：成员自由对话

团队成员之间是否能针对问题直接对话，而不是跨部门，上报到领导那里，再通过部门领导来实现沟通？不要小看这一点，考虑到跨部门、跨层级可能出现的情况，很多企业在工作出了问题时无法做到让团队成员直接对话。不信的话，问问自己：你们公司的员工可以直接和 CEO 就工作展开对话吗？

研究表明，信息的传递经过的环节或人越少，信息的损耗和失真就越少。因此，为了确保沟通质量和效率，最有效的办法就是直接对话。当工作出现问题时，两个对接工作的成员面对面沟通，有利于高效地解决问题。因此，企业要提倡成员自由对话，哪怕是跨部门、跨层级的对话也应该得到允许。

特征 4：公开发表意见

不仅是 CEO，其他各部门、各级管理者和普通团队成员是否都能拿起"话筒"，向全体员工发表公开意见和建议？这不仅关乎企业是否允许大家这么做，更重要的是大家是否愿意这么做。很多企业也提倡公开发表意见，但真正做到公开发表意见的企业又有几个呢？这说明大家不愿意这么做，因为人在公开发表意见时都会有顾虑，害怕得罪人。

针对大家心存顾虑，不愿意公开发表意见这一现象，我非常欣赏阿里巴巴企业文化价值观中的一条："通过正确的渠道和流程，准确表达自己的观点；表达批评意见的同时能提出相应建议，直言有讳。"

阿里巴巴之所以强调"直言有讳"，不是因为他们不愿意保持绝对自由和开放的意见表达渠道，不愿意彻底推行坦诚的沟通，而是基于人性的弱点，考虑到要如何表达意见才不会让别人反感，才不致造成团队内部的不和谐。

特征5：主动认领任务

当团队有明确的繁重任务时，你的员工是否会主动站出来对你说："领导，我手头的工作做完了，还有什么需要我做的？"这种主动认领工作任务的表现，而不是依赖领导指派任务的现象，是开放透明、公开共享型团队的重要标志之一。

很多时候，员工完成了手头的工作，如果他不告诉上司，上司是不知道的。特别是员工提前完成了工作任务时，为了让自己舒服一点，他们会故意隐瞒这一情况，装作继续工作的样子，以避免上司再次指派任务给自己。所以，你的员工是主动认领工作任务，还是有意逃避工作任务，是判断你的团队是否信息开放透明、公开共享的一个重要标准。

特征6：统一信息平台

一家企业是使用统一的信息平台来沟通和记录内部信息，还是各自随意地使用各种沟通形式？以当下最火的沟通工具"微信"为例，你会发现：

一帮人因共同的兴趣而建立了一个微信群后，总有一些人会私下拉上几个人，再建一个小群，他们之间有话不到大群里讲，而是在小群里说，这就违背了"统一信息平台"的原则。

同样，企业里也会存在这种情况。很多企业都有自己的QQ群、微信群，可大多数人在群里发言并不积极，出现这种情况的一个原因是，有些人私下建了小群，他们在小群里发言踊跃，在大群里却"潜水"——既不主动发言，也不积极回应他人的发言。作为管理者，应该及时清除这种情况，解决信息平台不统一的问题。

另外，企业还可以采用以下三种共享信息平台，确保团队信息的开放透明性。

信息平台1：故事墙

这是一种开发驱动型信息共享工具，目的是共享任务和任务进度。凡是做过敏捷开发的公司，都清楚故事墙。腾讯公司的故事墙就很有名，它分为计划、开发、测试、完成四栏，通过让需求卡片在这四栏中流动，让团队成员都能清楚地看到项目的开发进度。需求卡片分为三种颜色，黄色代表功能需求、蓝色代表技术需求、红色代表Bug。每一张需求卡片上都有任务、执行人、工作量和需要完成的时间。需求卡片在需求墙上的位置越高，表示需求的优先级别越高。

通过故事墙，除了可以看到显性的信息，还可以看到隐性的信息。当计划的需求卡片数量很少时，说明产品给出的需求的数量和速度滞后了，需要及时补充。当某一个需求长期停留在某一栏时，说明这个需求遇到了瓶颈，需要及时沟通，尽快解决。

信息平台 2：数据墙

这是一种运营驱动型信息共享工具，目的是共享产品数据。数据墙上应该包括大家最关心、最能反映产品运营状态的参数。当然，具体来说，管理者要根据产品类型和所处阶段来决定公开哪些参数。

信息平台 3：站立会议

这是一种团队驱动型信息共享工具，目的是共享工作内容。相对于故事墙和数据墙，站立会议带有更明显的强制性和广泛参与性，可以用于打造团队意识。在站立会议上，大家可以结合故事墙上的需求卡片，向其他成员共享一天的工作内容、今日工作计划、工作难点、需要他人提供的支持和经验分享等信息。

为了保证站立会议的效果，应把会议时间控制在十五分钟左右。这就是说，站立会议不是解决问题的场合，而是共享信息和问题的场合。至于解决问题，应在会议结束后，把相关成员召集起来通过讨论予以解决。

以上每一项行为特征，都可以用来给团队信息增援打分。根据以上六个特征，你可以点亮自己团队在开放透明、信息增援方面的得分。同时，这六个特征也给大家指明，要想提高团队的信息开放程度，应该从哪些方面去努力。

4.3 物质增援：提供完成工作所需要的条件

你让员工做一项工作，无论是简单的还是复杂的，都必须授予对应于做好工作所需要的外部资源的支配权、使用权。比如，你让员工去外地与一位客户进行商务谈判，就必须给他出差经费、谈判决策权（至少告诉他谈判的底线），还要根据谈判难易程度，考虑给员工配一名助手，配合他进行谈判。否则，再优秀的员工也可能无法施展拳脚。

某公司有一名业务员，非常能干，推销能力相当强，曾经在公司连续五年被评为"金牌销售员"。后来，同行公司通过猎头公司，想把他挖过去。面试的时候，同行公司老板对那名业务员说："你开个价吧，如果能得到你这样的人才，我们愿意付出比原来公司高50%的工资！"

那名业务员笑着说："其实工资不是关键的，关键是你们能承诺给我怎样的支持条件！"

"什么支持条件？"老板问道。

"就是每次我做业务时，你们公司能不能给我提供完成工作所需要的条件，包括政策、权限、经费、人员等各方面的支持？"

"这个得看具体的工作了，现在很难给你承诺！"

"其实，你用不着这么花心思招聘营销高手，只要你们能给员工足够的物质支持，他们也能成为营销高手。我在公司里，领导给我安排任务，我说完成这个任务要什么样的支持，他们绝对双手赞同。所以，我大多数时候都能顺利地完成任务。他们在背后给我的支援和精神支持是我强大的动力。"

这番话让该公司老板如梦方醒，从此以后，当员工在工作中遇到困难，或提出某些物质支持请求时，他要求管理层尽可能满足员工，做好后方支援和保障工作。结果，团队的执行力有了飞跃性的提高，公司也步入了发展的快车道。

做好一项工作，除了要求员工自身具备相应的能力之外，还需要具备相应的外部资源的支持，这种支持包括材料、场地、设备工具、人员配合、相关权限等等。能力再强的员工，如果在工作时缺少必要的物质增援，也会陷入"巧妇难为无米之炊"的困境，或者感觉困难重重。

那么，管理者需要给员工哪些物质增援呢？从管理者角度来思考，一般给员工安排任务后，要给员工以下几种支持，如图4-3所示：

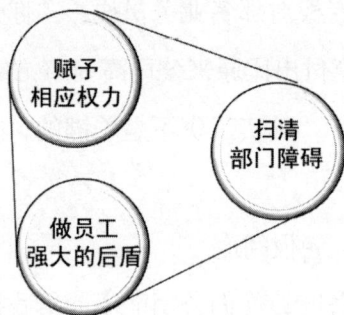

图4-3　增援的三种方式

1. 赋予员工相应的权力

给员工相应的权力，意味着员工有更多的自主权，员工可以按照他们认为有效的办法去完成工作，这会使工作变得更加高效。以色列台拉维夫大学尤纳·基佛进行的研究表明，如果让员工拥有较多的权力，可以帮他们提高执行力，提升绩效，而且他们对自己职务的满意度会提升 26%。

罗伯特·伊顿曾是美国克莱斯勒汽车公司的 CEO，曾有人问他："你们公司的营业额是如何增加了 246%，达到 37 亿美元？"他是这样回答的："如果一定要用一个词来回答的话，那就是授权。"通过有效的授权，可以让员工获得被信任感，从而激发出员工内心深处巨大的工作欲望，带来工作动力。

当你把工作分配给员工时，也要把完成该项工作的权力一起转交给员工。例如，告诉合作对象，你已经授权给某位员工负责市场营销工作，请他以后直接跟该名员工沟通。这样就等于为该员工完成工作铺平了道路。

2. 帮员工扫清部门障碍

有些工作涉及部门之间的配合问题，还涉及其他部门的审批。比如，你答应给员工某个数额的项目研究经费，就必须到财务部门帮员工把这个经费申请下来。或者跟财务部领导打招呼，让对方通过这个经费的审批。这叫"帮员工扫清部门障碍"。不要小看这个问题，有时候，员工执行工作时，就是因其他部门不积极配合，导致工作进展缓慢。

再比如，你答应给员工相应的人员支持，那就得跟那些配合人员沟通好，得到他们的承诺。而不要只是把工作安排下去，让员工自己去找那些人员就工作配合问题，去跟他们沟通。还有，你答应给员工相应的物资支持，就要跟采购部门打招呼，而不是让员工私下去找采购部门领导，请求对方通过自己的物资审批。

总之，只要管理者在委派工作时，主动帮员工扫清部门障碍，为员工争取其他各部门的通力配合，员工在开展工作时就会顺利很多。

3. 做员工最强大的后盾

在向员工委派工作，给员工提供物质增援之后，管理者还应该给员工最贴心的鼓励，化解员工的后顾之忧。

有两位主管，A 自认为工作认真负责，指导下属也尽心尽力。但不知为何，员工们都疏远他。而 B 主管，则很受员工欢迎，手下的员工执行力也很强。A 与 B 的不同，尤其体现在与员工谈话结束时。

A 主管："为了完成这项工作，我承诺给你这么多支持条件，你要是还完不成任务，看我怎么收拾你！"

B 主管："这项工作暂时需要的支持条件就这么多了，你抓紧时间去做。如果做的过程中发现还需要我支持和帮助，可以随时来找我，咱们共同解决。"

对比一下这两句话，给员工的感觉截然不同。A 主管的说法会给员工造成压力，B 主管的说法则让员工觉得有依靠，有强力的后盾。所以，不要因为你给员工提供了物质增援，就理直气壮地喝令员工要把工作做到什么样。因为再好的物质增援，也不能百分百保证员工可以万无一失地完成工作。

4.4 技术增援：与团队一起设计问题解决方案

有一次，听一位产品研发人员诉苦，他说公司领导对软件没有技术支持和维护的概念。如果用户在付款之前，说产品有问题，请求给予技术支持，领导还能理解。而当用户在付款之后发现产品出了问题，再要求给予相应的技术支持，领导就很不满意，就认为是产品研发人员的责任。在领导看来，产品研发出来，就意味着没问题。如果用户使用中发现了问题，那说明是研发人员研发工作没有做好。

听了这名员工的讲述，真心替他以及公司研发人员感到可悲。作为一名研发人员，居然无法从公司那里得到技术增援！可想而知，公司其他部门的人员，在需要技术增援的时候，领导是如何坐视不管的。

我们知道，企业的发展离不开人才和技术。一家企业拥有怎样的技术实力，关系到该企业发展的下限；如何运用技术，如何让技术的实力最大限度地发挥出来，决定了企业发展的上限。当团队在工作中碰到问题、遇到困难时，管理者是否能够积极调动技术力量予以增援，直接关系到解决问题的效率。

当然，技术增援并不仅仅是指纯粹的专业性的产品技术、研发技术，它还泛指工作中方方面面的具有指导意义的增援。比如，员工在工作中遇到了困难，如何指导员工运用正确对路的思考方法开拓思维，找到解决问题的突破口，从而顺利地解决问题。

让我们想象一下，你正走在公司大厅，这时看见下属小胡迎面而来。

两人碰面时，小胡打招呼道："经理，早上好。"

你说："小胡，前几天你提出的问题我考虑了很久，我想详细和你谈谈执行方案，等会儿来我办公室一趟！"

过了一会儿，小胡来到你的办公室。你给他把执行方案的每一个步骤、每一个细节都讲得很清楚，并把每一步可能遇到的问题，都帮他分析了一遍。

三天后，小胡把事情办砸了。

你生气地质问："小胡，这件事怎么搞砸了？"

小胡："经理，我可都是按照你的意思去做的，没有半点走样！"

你心想：难道我考虑欠妥，导致方案不够好？

现在我们来分析一下这个例子，你针对小胡应做工作的每一个步骤都给予了清晰的指导，小胡却没有把事情做好。小胡说，他完全是按照你指导的每一个步骤去做的，言下之意是你指导的方法有问题，责任不在他。而最后你心里无奈地感叹：难道是自己的方法出了问题？

你在这个过程中，给予了小胡非常详细的指导，却忘记了指导得越细，下属越不会去主动思考。你指导得越细，下属越没有责任意识。那么，管理者应该怎样指导下属呢？

1. 和下属一起沟通、分析问题

下属工作中所遇到的问题，单靠个人能力很难完全处理好。管理者在指导下属时，应和下属一起沟通、分析问题。毕竟，下属是最了解实际情况的，只有多与下属沟通，才能彻底了解实情，才能有效地指导下属找到切实可行的解决方案。

2. 指导要多指明方向，少给方法

上面的例子充分说明，在指导下属时，详细地给出具体的做法是不奏效的。正确的做法应该是多指明方向，少给方法。管理者的职能是站在更高的位置，帮助下属指明解决问题所努力的方向，让下属在遇到问题时不再迷茫，不再像无头苍蝇一样乱飞。

3. 让下属制定具体的实施方案

在为下属指明解决问题的方向后，管理者应该让下属去制定具体的实

施方案。这个过程是促使下属思考的过程，也是解放管理者双手和大脑的过程。当下属经过思考拿出解决方案时，管理者再对这个方案进行把关。如果方案在大的方面没有问题，那么就可以让下属去执行了。

4.给下属实施方案提供资源支持

根据下属制定的实施方案，管理者可以和下属一起商量需要提供什么资源支持，包括政策上的支持、经费上的支持、人员配置、设备工具等等。当资源支持到位时，管理者就要鼓励下属放开手脚去行动了。当然，有些资源支持是在下属执行的过程中逐步到位的，这要结合具体的实施方案来定。

如果下属未能顺利解决问题，那么管理者应继续按照上面的四点，和下属一起设计问题解决方案，给下属资源支持和精神鼓励。当下属最终把问题解决时，管理者应把功劳归于下属，甘当幕后无名英雄，这样才能更好地激励下属。

4.5 行政增援：让团队感受到被帮助

我有一个侄女，大学毕业后进入一家国企做办公室助理。从此，她完美地诠释了什么叫朝九晚五。每天她的工作就是整理领导的讲话资料，并发布到单位的微信公众号、博客和网站上。这类讲话资料不需要过多加工修饰，也不涉及粉丝运营、宣传策划等事宜。所以，她没有任何工作压力。

一开始，她做得得心应手，做得干劲十足，也深得领导的好评。在社交场合，她如鱼得水，认识了不少行业内的大人物。这样的工作干了将近三年，有一次见到她，她一脸愁容地跟我说："我想辞职了，因为前几天，我发现自己连 PowerPoint 都用不利索，每天做着机械重复的工作，一点挑战都没有，一点进步都没有。再这样下去，我整个人就废了。"

我举双手表示赞成，这样安逸舒适的环境，早晚会被残酷的现实击碎。

有些公司，既希望员工十八般武艺样样精通，又不给员工提供与行业发展要求相对应的技能培训和成长环境。员工没有进步和成长的机会，工作水平得不到提升，影响团队的战斗力。最终受影响的是企业发展的脚步。

而作为赋能型团队，无论是体制内还是体制外，管理者都会给员工提供帮助，给员工提供成长的机会。我有一位朋友，是公司的人力资源总监。他们公司有三百人，可是人力资源部门只有 3 个人。就是在这种人少事多的情况下，他们部门年年被公司评为优秀部门。

后来跟他聊天，我问他有什么高招可以让大家拼命工作，他抿嘴一笑说："没什么高招，就是多跟大家交流。"

跟大家多交流就可以让大家拼命工作？对此我有点疑惑，因为很多公司的管理者都会跟下属沟通，可也未必能取得这样的效果。

他思考了一下，说："每天的沟通是必须的。当然，我不会每天都跟每个下属沟通，因为时间不允许。但我会每天找几个下属沟通，询问他们近期的工作进展，问他们遇到了什么困难，需要什么帮助。然后针对他们反馈的情况，给他们分析原因，提供解决的建议，给他们实实在在的帮助。当然，更重要的是，我会站在他们职业发展的角度，帮助他们更快地成长。"

我听了之后，似乎找到了不一样的激活团队的赋能神器，我希望他继续告诉我更多。

"其实很多时候，大家更关心自己的工作是否与自己未来的职业发展有关，这才是他们工作的最大动力。我经常会在工作中跟他们谈论这方面的问题，作为他们的上司，我觉得他们成长了，是我的荣幸，让我感到骄傲。"他继续说。

"怪不得你的下属都是精兵强将，怪不得你们公司上升势头那么迅猛！"我钦佩地看着他。停顿了几秒，我问他："你每天找下属沟通，他们会害怕和你沟通吗？"

"不会！因为我和大家沟通时，多是站在关心、指导和帮助他们，而不会批评他们的角度。所以，现在他们都主动找我进行沟通。"他笑着说。

这次交流，可谓是价值千金，让我明白激活团队时的行政增援其实很简单，那就是通过沟通了解他们的需要，再设法满足他们的需要，让团队感受到被帮助，团队才会充满进取的动力。

那么，具体是如何通过沟通，让团队感受到被帮助呢？

1. 保持合适的沟通频率

与团队成员沟通时，最初不要太频繁，否则大家会觉得你在监督他们。看看我那位人力资源总监朋友，他虽然每天都跟下属沟通，但所沟通的对象都是不同的，绝不会每天都找同一个下属沟通。至于具体的沟通频率，应结合团队人数来定。一般来说，正式沟通的频率保持在一周一次即可，非正式沟通可以适当多一点。

2. 沟通中表达关心和帮助

无论是正式沟通还是非正式沟通，管理者都要向员工表达关心和帮助。为此，在沟通中要多了解团队成员的困难、困惑和烦恼，及时帮大家释疑解惑，帮大家出谋划策。通常，团队成员所遇到的问题有这样四类：

（1）学习问题。学习问题即成长问题，指的是员工在个人能力、技能水平方面的需求。面对员工渴望进步的焦虑心情，如何缓解他们的焦虑，是管理者应该思考的问题。比如，有针对性地组织技能培训，可满足员工的成长需求。

（2）工作问题。工作问题即工作中遇到的问题和困难，对于这类问题，管理者应具体问题具体分析，设法引导员工去思考，去寻找对策。建议管理者们，不要直接告诉员工该如何去做，因为你越是告诉员工，员工越容易依赖你。而设法激发员工的思考力，让员工学会独立解决问题才是关键，这样员工才会成长。

（3）生活问题。生活问题，五花八门，只有你想不到的，没有员工遇不到的。当你发现员工情绪不对，愁眉苦脸时，要耐心地询问，要认真地倾听，引导员工倾诉苦闷。记住：倾听的时候，要多些积极的回应，接纳员工的情绪，少些消极的评论。等员工的不良情绪发泄出来后，他的心情也就雨过天晴了。

（4）心理问题。心理问题是一个比较复杂的问题，凡是引起员工心理不适的问题，都可以归纳进来。面对员工的心理问题，解决的关键在于引导和鼓励。设法让员工用积极的态度看问题，你就成功了。

3. 要向员工表达你的支持

很多管理者，命令下属干活很有一套，还总是扬言"只看结果，不看过程"。这看似无可厚非，但实际上员工未必能做到心甘情愿、尽心竭力地工作。明智的做法是，多给员工支持，多给员工指导和帮助，激发员工更大的潜能和工作干劲，使员工把工作完成得更好。

所以，当发现员工工作出了问题，或员工主动向你求助时，千万不要表现得不耐烦。而应该耐心地给他一些建议，帮助他解决问题。就算你当时没有时间，或你觉得这个问题应该由员工自己想办法，也应该注意说话的语气。

4.6　战术增援：根据不同问题提供不同支援

在赋能型团队中，管理者不仅要让团队成员去做事，更要让团队成员能做事、会做事、愿意主动做事。为此，他们会努力挖掘团队成员的潜力，提升团队成员的能力，修正团队成员的不良行为，提高团队成员的工作积极性。用一句话说，就是不断给团队成员战术增援，指导大家发挥出最佳表现。

在日常工作中，当员工遇到困难，请你给予建议、帮助和支持时；当员工对自己的能力没有把握，请求你的指导时；当员工面对工作一筹莫展，请求你指点迷津时；当员工刚获得晋升时；当部门或团队需要改变工作方式、方法时；当新入职员工还未适应新的岗位时……管理者应该根据不同的情况，适时进行战术增援，指导大家尽快地、顺利地开展工作。

管理者对员工的战术增援质量如何，取决于管理者指导方法的科学性和艺术性。不同的指导方法会产生不同的工作结果，管理者应在自己的工作实践中不断总结、归纳，根据不同的问题，不同的工作内容、工作环境、工作对象，形成一套独特的战术增援策略，以期取得较好的指导效果。

下面，我们就来看看，通常会用到的几种战术增援，如图4-4所示：

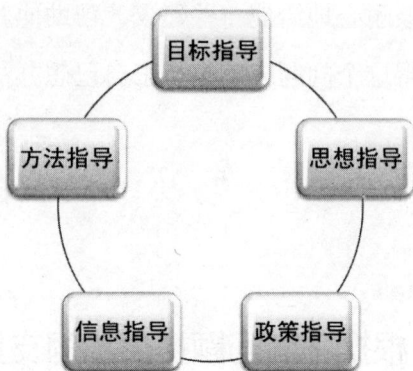

图4-4　常见的五种战术增援

1. 目标指导

目标代表着方向、体现了重点，正确的目标对执行起着巨大的导向作用，可以使各项工作看得见、摸得着，具有形象性、可比性。而且，树立可量化的目标，还有利于衡量和评价执行成果，从而激发和调动员工的积极性和创造性。因此，利用目标对员工进行战术增援和工作指导，是一种很有效的管理艺术。这种艺术主要通过以下几点来体现：

（1）通过目标的确立感召员工

管理者在为团队确定奋斗目标时，要发扬民主的作风，发动大家献计献策。这样就把目标的确立过程变成了统一思想、群策群力的过程。既有利于培养人才、锻炼人才，又有利于统一思想、凝聚人心。这样定下的目标就有深厚的群众基础，执行过程中大家的积极性就比较高涨。

（2）指导员工分解目标以便执行

每个公司都有一个总体目标，这个大目标必须层层分解到各个部门，再由各部门分解到各个员工，才能有效地落实。在分解目标时，管理者应给予员工指导，上下目标有分有合，浑然一体，从而使总目标和分目标都能得以实现。

（3）根据目标执行情况评估员工

管理者要经常检查、了解目标的执行情况，及时解决存在的问题，并用目标的实现程度来评估员工能力的高低，衡量他们业绩的大小，这无疑是一种有力的指导。

2. 思想指导

思想指导行动。要想员工行动出成效，就要重视对员工进行思想指导。所谓思想指导，主要包括以下几点：

（1）宣传先进思想

管理者应该经常宣传先进思想，引导员工不断提高思想觉悟和认识水平，增加团队成员奋发向上的内在动力和自觉性。比如，爱岗敬业、尽职尽责、敢于担当等等，这些都是值得员工学习的先进思想。

（2）提炼新的思想

管理者应该成为一名思想家，善于把经过实践检验的新思想、新观点提炼出来，并使之固化为员工的行动标准。还要善于把员工中萌发和创造出来的有价值的新思想、新观点加以概括和总结，推广开来，供大家借鉴和参考。例如，"时间就是金钱，效率就是生命！"这就是经得起实践检验的有价值的思想。这句话有很强的号召性，能鞭策团队保持效率，珍惜时间。

日本有一家企业为了根除浪费现象，提出了"再把毛巾拧干一点"的口号。这个口号既深刻又形象，很快就被每一位员工所接受，收到了很好的指导效果。

（3）纠正错误思想

正确的思想要不断宣传和推广，使之成为实践的标准。错误的思想要不失时机地予以纠正和消除，以免误导员工，影响员工的执行效果。

3. 政策指导

随着企业分工越来越细化，加之新领域、新部门、新问题、新情况的不断出现，管理者对员工进行政策指导显得越来越重要。所谓政策指导，主要包括以下几点：

（1）制定和修订政策，解决新问题

管理者的责任是在不同的时期，根据企业不同的发展需要，制定和修订政策，以满足企业的发展需要。一项好的政策制定出来或修正完成之后，就会大大推动工作取得新的进展。

（2）使宣传政策被整个团队接受

再好的政策，如果员工不熟悉，大家不接受，也难以提升执行力。因此，把政策宣传到位，让大家都理解它、熟悉它，大家才会自觉地按政策办事。所以，管理者要强化政策宣传意识，不断通过公司的宣传墙、公司网站、公司信息平台宣传政策。

（3）落实政策使之在工作中见成效

再好的政策也要落实到位，才能显现出应有的成效。因此，管理者要强调、监督政策的落实，对于积极落实政策的员工，要予以相应的肯定和奖励，以激励大家积极落实政策。

4. 信息指导

互联网时代，信息的重要性不言而喻。谁掌握了信息，谁就掌握了市场竞争的主动权。因此，管理者要重视对员工进行信息指导，让员工重视信息，积极收集信息，善于从信息中发现并抓住商机。信息指导主要包括以下几点：

（1）引导员工搜集信息

管理者要善于开辟信息渠道，提高信息吸收能力。既要重视信息的纵向流通，还要注意信息的横向流动，真正形成灵敏有效的信息网络。为此，要鼓励并引导员工搜集信息，使大家成为信息收集站。大家所收集的信息汇聚起来，就会形成强大的信息库。信息多了，决策时可供参考的依据就多了。

（2）及时分享有价值的信息

作为管理者，发现有价值的信息后，要及时分享给大家，引导大家从中汲取营养。不仅如此，管理者还要善于利用各种传播工具和现代化手段，把经过筛选的有价值的信息传播到团队中去，使大家从中受益。

（3）有效地运用信息

收集信息、分享信息的最终目的是运用信息。比如，透过信息挖掘商机，根据信息制定明智的决策，依据信息修订决策，调整行动，指导下级改进工作。

5. 方法指导

有时候，员工不能把工作落实到位，既不是目标有误，也不是思想问题，而是缺少有效的方法。因而，加强方法指导是每个管理者都应加以重视的。方法指导主要包括以下几点：

（1）把自己多年的工作经验总结出来，无私地分享给员工

俗话说，经验就是财富。通常来说，管理者所拥有的经验比员工多，所经历的、所见识的也比员工多，因此，完全可以把自己的经历、认识、

见识等总结成一套行之有效的工作方法，分享给员工，以提高员工的工作水平。

（2）发现员工不当的工作方法时，应及时提醒，帮助纠正

在日常工作中，当你发现员工执行力低下，工作效率低时，应检查员工所采用的工作方法。由此，找出员工工作方法上的不当之处。一旦发现员工工作方法不当，应及时提醒，帮助纠正，使员工能够掌握正确的工作方法。

（3）组织多方位的工作技能培训，提高员工的执行力

人才培养离不开系统的培训。在这方面，日本松下公司做得很好。松下公司为了培养人才，提高人才的工作水平，制定了长期的人才培养计划，开设了各种综合性的系统化研修、教育讲座。公司还设有多个海外研修所和研修班，为松下公司培养和输送了很多优秀的人才。

第五章

熵增：剔除影响团队解决问题能力的因素

团队在解决问题的过程中，总有一些因素扮演着阻碍者的角色。哪怕这些因素本身并没有好与坏之分，但由于管理者在这些因素的处理上不够出色，也会使它们成为"坏的"东西。比如情绪因素，它本身无所谓好与不好，但如果管理者处理不好消极因素，就会造成团队受到负面影响。所以，设法剔除不良因素，是提升团队解决问题能力的关键。

5.1　熵增、剔除、迭代，是团队的活力之源

很多企业在刚创立的时候，大家都很有激情，企业也很有活力。但是往往过了创业期，进入了稳定期后，团队就慢慢丧失了活力。主要表现为员工工作态度不积极，创新动力不足，满足于当前成绩，缺少了危机感。整个企业就像一潭死水，没有新鲜的水源，没有奔涌向前的活力。

一个团队是否有活力，直接决定着它在激烈的市场竞争中，在与其他企业相互合作的过程中，能否保持有利的地位。因此，设法让企业保持活力，是每个赋能型管理者的重要职责之一。下面，我们就一反常规路线，看看什么才是团队的活力之源，如图 5-1 所示：

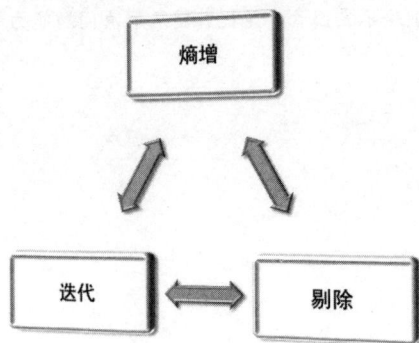

图5-1　团队活力之源

熵增

什么是熵？这是德国物理学家鲁道夫·克劳修斯提出的概念，他在发现热力学第二定律时给出了相关定义。所谓"熵"，指的是事物的混乱程度。熵的值越大，表明越混乱、越无序。

能量守恒定律揭示：一种能量既不会凭空消失，也不会无中生有。而热力学第二定律则认为：在一个相对封闭的系统中，尽管能量不会被消灭，但它的消失是不可逆的。熵增指的就是在一个相对封闭的系统里，当熵达到最大值时，这个系统就会出现严重的混乱无序，最后走向衰亡。

就像在没有外界的干预下，高温只能向低温转化，一堆木柴只能慢慢腐烂，被烧成灰的树木再也无法变成树。就像你在沙滩上堆了一个城堡，然后走了，不管它了。风就会把它摧毁，一切陷入平衡而无序的状态。这时熵达到了最大值，随之而来的结果也就是灭亡。

每个生命系统都是一个封闭的系统，其熵一直在增长，直到死亡时，其熵值达到最大。此时能量消耗殆尽，且不可逆。企业组织、公司团队也不例外，都是一个相对封闭的系统，其发展都符合熵增定律。如果工厂的卫生没人打扫，就会灰尘四起；如果办公室无人整理，就会杂乱无章；如果原材料放着没人管，就会慢慢被腐蚀。团队越大，越是管理不善，就越容易走向混乱。

总之，所有的系统都是能变化，就会变坏。但这并不是说我们只能看着企业变坏而无能为力。团队管理者可以通过以下三种策略，改变熵增现象，让企业重新找到活力之源。

1. 打破企业封闭的系统

熵增定律对于相对封闭的系统才会发挥作用。因此，想让它不发生作用，就要打破封闭的系统，让团队与外界产生物质交换。如果你不希望企业变得无序混乱，那就增强管理作用力，及时消除企业内部的不良现象。

比如，互联网巨头亚马逊在做电商时，大胆地引入第三方卖家，让他们能在亚马逊开店，跟自己的自营店展开公平竞争。亚马逊虽然是以卖书起家，但贝佐斯不满足现状，开发出电子阅读器 kindle，让电子书与自己的纸质书竞争。这就很好地打破了企业封闭的系统。

2. 加强系统内部的流动

鲶鱼效应告诉我们，虽然沙丁鱼生活在一潭死水般的水槽里，但由于鲶鱼的出现，引起了沙丁鱼的恐慌，继而在水槽中积极游动，以逃避被鲶鱼吃掉的命运。最后，沙丁鱼的生命力增强了，强大到都能活着回到海岸。这充分说明系统内部的流动对提升内部成员的活力的作用。

在企业里，我们可以采取竞争上岗、岗位轮换等策略，不断激发员工的危机感，让员工获得新鲜感，同时又淘汰那些不思进取的"老油条"，为团队注入新鲜的血液。最终增强员工的工作动力，提高团队的战斗力。

3. 通过微小的变化引发巨变

微小的变化看似不起眼，但也可能导致一个巨大的突变。任正非一直强调要把公司系统内多余的能量耗散掉，不断推动公司系统内部的能量流动。他曾以跑步作比喻，他说：假如你每天跑步，那么你身体内部的能量就会耗散掉。在这个过程中，你身体的肌肉就增多了，你的血液循环就加强了。如此，糖尿病也不会有了，肥胖病也不会有了，身材也苗条了。这就是微小的变化引发的巨变。

还有亚马逊的创始人贝佐斯，他也一直强调通过微小的变化引发巨变，以达到"反熵增"的目的。他特别信奉"黑天鹅"效应，他说亚马逊可能是世界上失败最多的地方。他对员工的失败特别包容，因为他相信每次小的尝试都可能引发意想不到的巨大回报。

剔除

任何组织、团队中，都存在不良因素。这些不良因素可能是难管的人，也可能是负面的情绪。它们的共同特点是阻碍团队进步，影响企业发展。因此，最明智的处理策略是将其剔除掉。

正所谓"一粒老鼠屎坏了一锅粥"、"一块臭肉坏了整锅汤"，如果不及时将团队中的"烂苹果"清除掉，他们就会迅速传染，把整箱"苹果"弄烂。同样，如果不将团队中的负面情绪及时剔除掉，它们就会像病毒一样吞噬整个团队的精气神，让整个团队陷入"病态"。

当然，负面情绪往往也是由"烂苹果"型的人制造的。因此，管好这类人才是剔除负面因素的关键。下面我们就来看看，哪些人是应该剔除出团队的。

1. 没有责任感的人

这种人挂在嘴边的话就是"我不知道啊，这个不归我管啊！""不关我的事啊！"

2. 无视公司纪律的人

公司是一个团队，办事有规矩，做事讲原则。如果大家都不讲规矩，不守纪律，无视制度，那么岂不是乱了套？所以，对于无视公司纪律的人，比如，上班迟到早退、无节制地请假甚至旷工等，坚决不能手软。

3. 没有原则的滥好人

有些人特别害怕得罪人，说什么都看他人脸色，挑别人爱听的说。当管理者需要他们提意见，说真话时，他们总是支支吾吾，明哲保身，生怕提了反对意见。这就是典型的烂好人，这种人表现出来的不肯得罪人的行为，极容易引起大家的效仿，最后导致整个团队没人愿意讲真话、提意见，这是非常可怕的。

4. 经常传播负能量的人

在你的团队里，是否有这样的人？他们整天抱怨这不好，那不好，私下喜欢和同事叽叽歪歪，背地里说人坏话。公司出台了新政策，他们当面不提意见，背后却骂骂咧咧。公司有人升职了，他们会说这个人靠关系上位，甚至侮辱别人，比如，说他和老板有关系。总之，不管什么事，他们都忘不了往坏事上扯。

具体来说，经常传播负能量的人，所传播的负能量包括以下几种：

抱怨——面对困难、不公，喜欢抱怨，表达不满，自怨自艾；

消极——对公司、对自己缺乏信心，患得患失，凡事喜欢往坏处想；

浮躁——渴望成功却急于求成，不能脚踏实地，稍微遇到困难就扛不住；

冷漠——孤僻、不爱交流，对他人缺乏基本的热情，缺乏基本的协作意识；

自卑——做事总是畏手畏脚、瞻前顾后，什么重任都不敢承担，难堪大任；

妒忌——看到别人取得成绩，立马心生恨意，甚至暗中使坏，背后诋毁。

5. 不务正业的人

上班期间不认真对待工作，经常玩游戏、看视频，基本的工作任务完不成。而且不但自己不务正业，还纠集一帮人一起玩。

对于以上几种人，管理者可以先给机会，通过引导教育促其改正不良行为。但如果没有收到效果，就应该果断地将他们剔除出团队，以免他们影响团队健康发展。

迭代

所谓迭代，指的是重复反馈过程的活动，目的是为了达到所渴望的目标或结果。每一次对过程的重复，都是一次迭代。而每次迭代得到的结果，都是下一次迭代的开始。也许这样讲有些人不理解，那么我可以举个简单的例子。

以看书为例，有些人读书一目十行，速度非常快。有些人读书慢，要慢慢思考，慢慢吸收。我就属于后者，每当我听有人说他一个星期能读一本书时，我就非常羡慕。

有一次，我向一位读书速度很快的朋友取经，他告诉我：想要一个星期看一本书并不难，关键在于做好计划，规定自己每天必须看多少页书。

我试着这样去做，可我发现：虽然我也能强迫自己每天看那么多页书，可有些所看的内容根本没有真正理解，于是第二天看书时，我又翻回去重读。这样就影响了第二天阅读任务的达成。最终，一个星期读完一本书的目标没有完成。

后来，我又用自己的方式去读书——细嚼慢咽。慢慢地，我养成了每天都看书的习惯。也许看一个小时，也许看半个小时。因为每天都看书，我的阅读量越来越大，知识积累越来越多，我的理解力也越来越强。对于浅显的内容，我直接一扫而过。对于以前读过的内容，我直接跳过去。不知不觉中，我看书的速度变快了很多。

我想通过这个例子来说明"迭代"，那就是你想实现的目标，是在你不断尝试、不断试错、不断调整、不断改进中自然而然得到的。这个过程就像玩游戏，一开始你闯不过几关就输了。但随着你玩的次数越来越多，经验越来越丰富，你的技能越来越好，最后你甚至可以全部通关。这个过程不是计划出来的，而是练出来的。

所以，迭代包含着三个关键点，如图 5-2 所示：

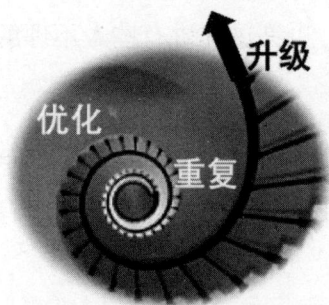

图5-2　迭代的三个关键点

1. 不断的重复

通过不断重复去做一件事，而不是一次性就完成，慢慢提升认知，提升技术水平，最终达到团队想要实现的目标。

2. 不断的优化

在不断重复去做的过程中，我们需要不断地改进、调整、优化自己的做事方式方法，不断地反省、提升和精进。

3. 认知的升级

迭代的过程是认知不断升级的过程。认知升级意味着理解力、思考力的不断提高，意味着思想的不断成熟，也意味着产品设计方案的不断完善。

最后，我们以 Windows 系统的升级为例，看看微软是如何实现产品迭代的。Windows 操作系统从早期普及版本 Windows 95 到 Windows XP 再到现在的 Windows 10，还有微软的 office 系列办公软件，从 2003 版到如今的 Office 365 版，这期间都经历了不断的重复尝试，不断的创新和失败，不断的调整和优化，直至最终实现产品升级和换代。通过微软产品的迭代，我们管中窥豹，可以发现微软这家企业是如何保持活力的。

5.2　情绪因素：消极情绪比积极信号散播更快

很多团队表面上看就像平静的湖水，实际上却暗流涌动。其中，传染最快的不是那些鼓舞人心、催人奋进的积极信号，而是消极情绪，如抱怨、消极、倦怠、争执、内讧。有调查显示，在团队中只需要 24% 的负面情绪，就能迅速对整个团队成员造成消极影响。尤其是在开放式办公环境下，负面情绪的传播速度将会更快。

作为管理者，你若稍不留心，就可能和团队一同卷入消极情绪的旋涡，严重影响团队的日常工作和企业的健康发展。而想管好团队的情绪，你必须要先管好自己的情绪。因为你所处的位置特殊，是众人关注的焦点，假如你带着负面情绪去工作，那影响面是极广的。所以，管理者最好学会隐藏自己的不良情绪，切勿把喜怒哀乐写在脸上。

其次，对待员工要有足够的耐心。当员工在工作中犯错时；当你指导员工多次，员工依然不明所以时，切勿表现出急躁和失望的情绪。对员工要多鼓励、欣赏，少抱怨、指责，哪怕员工表现再差，也要尽量保持平和的态度去说教。这样才不至于把消极情绪传递给员工，影响整个团队的情绪。

再者，要关心团队里每一位员工的情绪。发现团队中有人表现出不良情绪时，要引起重视，表达关心，恰当引导，避免个别员工的不良情绪扩散开来。具体怎么做呢？以下四个步骤，可以帮助管理者更好地进行团队的情绪管理，如图5-3所示：

图5-3　团队情绪管理的四个步骤

第1步：识别情绪

什么样的情绪属于消极情绪，管理者首先要学会识别。只有先识别出团队的消极情绪，才能着手处理消极情绪。为此，管理者要重点把握两点：

（1）发现团队日常行为的异常

当你发现团队成员的日常行为出现异常时，比如，不再像以前那样和你积极沟通；以前按时上班，现在却经常迟到；以前能轻松地完成工作，现在的工作却经常出问题；等等，那说明员工的情绪出了问题。

（2）关注消极情绪的特征行为

吉尔·卡斯伯是美国一家公司客服部的主管。有一次，部门召开头脑风暴会议时，他发现员工琼斯坐在那里一言不发，双臂交叉于胸前，不耐烦地转动着眼珠。一旦有人提出某个创意时，他就在一旁泼冷水，仔细描述这个创意是多么荒诞，是多么没意思。这让创意提出者非常尴尬，也让其他同事面面相觑。卡斯伯敏锐地意识到琼斯的情绪不对劲，会议暂停期间，他和琼斯进行了单独沟通。当会议再次进行时，琼斯的情绪好转了很多。

消极情绪是有其对应的特征行为的，如沉默、抱怨、推脱。

沉默是典型的消极情绪表现，就是对现状或所面临的问题闭口不谈、不作回应。

抱怨是指发现团队的问题，只说不做，而且只说消极沮丧的话，打击团队的士气。

推脱是指当工作出了问题时，找各种理由为自己推脱责任，而不是积极承担。

第2步：接纳情绪

进行团队情绪管理的第二步，是接纳员工的不良情绪，而不是压制员工的不良情绪。管理者要善于理解团队成员所表现出来的消极情绪，因为面对工作中的困境或不如意，产生消极情绪是正常的。这需要管理者有一颗同理心，懂得换位思考，适时站在团队成员的角度思考：如果我是他，我也会很难过，付出没有回报，我也会沮丧。

有了理解，才有接纳。有了接纳，才不会对团队成员的消极情绪产生反感和抵触，也就不会去抨击和打压了。当然，说起来很简单，但并不容易做到。这需要管理者不断地修炼自己的包容心。

第 3 步：分析情绪

在接纳了团队成员的消极情绪后，管理者要进一步分析其消极情绪的来源。通常来说，员工产生消极情绪是因为有着以下三种心态。

（1）受害者心态

员工认为自己是无辜的受害者，是倒霉蛋，有了这种想法，他自然就容易沮丧，就容易消极。

（2）无助者心态

员工觉得自己是个普通的小员工，在工作中遇到了困难，不会有人关注自己，不会有人帮自己，随之而来会产生无助感。

（3）失败者心态

员工认为自己能力不行，对自己失去了信心。自然，就容易表现出消极情绪。

面对这三种心态，管理者要做好最后一步工作，也是最关键的一步，那就是调整员工的情绪。

第 4 步：调整情绪

当你搞清楚了员工消极情绪的来源后，你就要试着把员工的消极情绪转化为积极情绪了。

（1）提醒员工的情绪有些反常

当发现员工的情绪异常，发现员工的情绪符合消极情绪的特征行为时，管理者应及时提醒员工。例如，告诉员工："你今天有些反常！""反常"是个中性词，容易被对方接受，用来委婉地提醒对方，其消极情绪正在对团队产生不良影响，应该注意调整自己的情绪。

记住：提醒最好私下进行，而不要当众进行。提醒的语气要平和，切勿表现出不满和不耐烦。否则，提醒的目的无法实现，反而会火上浇油。如果不得已，必须当众提醒，最好以开玩笑的方式提醒，避免当事者难堪。

当然，你还可以直接向情绪消极的员工表达期望。比如，对他说："我们希望你积极参与进来，因为我们需要你的贡献。"一般来说，员工听到你的提醒，会马上意识到自己的不对，从而控制一下不良情绪。

（2）及时进行坦诚的双向沟通

如果提醒无效，那么你应该及时与员工进行坦诚的双向沟通。比如，像上面例子中的吉尔·卡斯伯一样，把情绪消极的员工叫到办公室，两人私下进行坦诚的沟通。在沟通中，要像朋友一样关心对方，倾听对方，鼓励对方把心里话说出来。

（3）引导员工把注意力重点放在当前

不好的事情已经发生，消极的情绪由此产生。管理者应该及时引导员工把注意力的重点放在当前，即如何解决问题上，而不是放在过去，沉浸在不好的事情中。正所谓，过去的已经过去，过多地关注，只会让情绪更消极。作为管理者，应该引导团队成员关注目标，关注目前的现状，一起讨论如何解决当前的问题。这样才能帮助团队成员把精力和关注点转向积极方面，产生积极的情绪状态。

5.3　自由因素：不让团队有自己的发言权与自主权

在影响团队解决问题能力的因素中，有一个因素是很多管理者经常忽视的，那就是自由因素。由于管理者忽视了团队成员对自由的渴望，无形中造成团队没有发言权和自主权，让团队成员感觉处处受到束缚和掣肘，将严重影响团队的积极性和工作效率。

没有发言权不单单指不让员工发言，还表现为员工所提的意见和建议得不到赏识和认同。这样一来，员工以后就不愿意发出声音。没有自主权则主要表现为管理者不信任员工，不懂得授权给员工，或对员工的指示过于明确，对员工要求过于严苛，让员工失去了自主行动和自由发挥的空间。

那么，怎样才能消除团队"不自由"这个因素，让团队有自己的发言权和自主权呢？

1.营造开放透明的沟通文化

在观看高水平的篮球比赛时，你会发现：几乎每一次进攻和防守都有完美的协作路径。这种完美合作既与球员的能力水平有关，也与他们之间的默契协作有关。当然，默契协作是很难通过观看比赛直播察觉到的。因为现场观众的声浪压过了一切，我们根本听不到球员之间在场上的沟通，也听不见教练与球员之间说了什么。

但实际上，如果你坐在场边观看比赛，你一定能看到赛场上球员之间的呼喊、手势、眼神，还有场边教练的指挥和叫暂停期间争分夺秒的沟通。假如一只球队在场上没有沟通，在场下叫暂停期间都沉默不语，或者大家闷着头听教练说，而不作回应，不表达自己的看法。那么很难想象这支球队能在场上战无不胜。

通过这个例子，我们可以总结出营造开放透明的沟通文化的办法：

（1）制定决策或安排任务时要听取员工意见

要想让团队成员理解和贯彻你的想法，最有效的办法就是尽可能在制定决策或安排任务时，主动询问员工的看法，听取员工的意见和建议。如果员工的意见和建议有道理，你采纳了并让员工去执行，员工一定会充满激情地去落实。因为这对员工来说，是在用实际行动证明自己想法是否正确的最佳机会，也是赢得领导信任的最佳机会，员工是不会错过的。

（2）要重视一线员工反馈回来的信息和情报

一线员工最了解实际情况，他们反馈回来的信息和情报是最有参考价值的。因此，面对一线员工反馈的信息，管理者一定要重视起来。比如，认真倾听，询问详情；表达赞赏和认可；鼓励员工再接再厉，继续收集信息和情报。

（3）鼓励团队成员在协作中保持顺畅的沟通

沟通带来理解，理解促进合作。没有沟通，就很难实现默契的配合。如果团队缺少了配合，那就称不上团队，顶多算是一个群体。这样的群体又有什么战斗力呢？

（4）当团队遇到困难时要鼓励大家献计献策

当团队遇到困难时，管理者不可一个人苦思冥想，而要善于发挥团队的力量，鼓励大家献计献策，群策群力。这样既能培养团队成员的责任感，又能激发大家的创造性，还能为管理者分担压力，何乐而不为呢？对于团队成员有价值的想法，管理者要表达肯定，并积极采纳，最终形成系统化行动方案，再指导大家去落实。

如果做到了以上四点，团队开放透明的沟通文化就很容易建立起来，员工就可以自由发声了。

2.给员工相对自由的工作时间

说到相对自由的工作时间，很多人会想到 Google 很有名的管理制度——20% 自由时间。即公司允许工程师们花费 20% 的工作时间——每周抽出一天时间，每月抽出四天时间，利用公司的资源，从事与公司相关的兴趣项目开发。

这个管理制度当初提出来时，遭到过很多人反对。一位 Google 创始团队的成员甚至在一次会议上说："这会毁掉我们的品牌，这将粉碎我们的公司。"但事实证明，由于这项自由政策的存在，员工利用 20% 的时间开发出来的产品给公司带来了巨大的回报。具有代表性的如 Google 新闻、Gmail 和 AdSense 等产品，如今每年创造的收益约占谷歌年收益的 25%。

对于中国大多数中小企业来说，根本不可能专门设置创新部门来从事创新工作，就连公司 CEO 都不得不忙于思考如何维持公司的生存问题。而大家又很清楚，如果公司没有创新，就很难取得突破性的发展。在这种情况下，借鉴一下 Google 20% 自由时间的政策是很有必要的。

这听起来看似很滑稽，但是别忘了，当企业没有资金、资源专门用来创新时，让员工拿出 20% 的时间来从事创新，已经算得上是很少的投入了。况且，对于很多员工这 20% 的时间其实公司从未完全拥有过，它很可能被浪费在开小差上，或消耗在闲聊和扯皮上。

也就是说，即便公司明文规定，给员工 20% 的自由时间，公司也不会失去什么。但这一举措有可能带来的回报却是惊人的，它是一个低投入、高回报的投资。哪怕团队中只要有一个创新项目诞生，由此研发出一个新的产品，它就可能给公司带来巨大的回报。所以，有什么不敢尝试呢？再说了，这一政策彰显的是公司宽松的文化，可以让员工感受到公司文化中人性化的一面，感受到自由和宽松。

当然，给员工相对自由的工作时间，还指给员工布置工作任务时，要考虑员工当前所处理的工作，看员工是否忙碌，看所布置的工作是否重要或紧急。由此，给员工约定一个大致的完成时间，只要员工在这个时间内完成即可，至于具体什么时候去做，由员工自己来决定。而不是要求："马上去做！""一天内做好！"这种限制性的工作时间，很容易影响员工手头正在处理的工作，打乱员工的工作安排，造成员工的工作效率低下、注意力分散。

3. 给员工充分发挥能力的空间

企业之间的竞争本质上是人才之间的竞争，而人才之间的竞争，关键在于能否充分发挥个人能力，创造性地解决问题。要想员工充分发挥能力，管理者必须给员工充分发挥的空间。如果管理者不善于授权，员工有能力难以施展，工作热情激发不出来，这就是对人才的极大浪费。所以，让员工充分发挥能力的前提是有效的授权。

美国管理学家兰杰·古拉蒂在《恰如其分的员工自由》这篇文章中说道：

"员工需要一定的空间来发挥才干、追求新颖的创意，以及在当下作出明智的决定，领导者知道这一点。这个话题已经是老生常谈，但问题依然存在：管理者难以化解赋权员工和运营规定之间的矛盾。"

为什么会出现这个矛盾？一个很重要的原因是，管理者认为自由与控制不可兼得，于是在两者之间摇摆。但实际上，一些成就卓越的伟大公司，其制度和规则的设置既不会扼杀员工的自由，也不会让员工享有过度自由。而是让员工对团队目标有一个清晰的认知，在规则的范围内，自由地工作，充分地发挥能力。

比如，有些公司积极授权给员工或团队，让他们根据实际情况自主决策。有些公司还会给员工提供工作之外的学习机会，或允许员工自行组队，挑选搭档。这些管理举措能够很好地激发员工的积极性，让员工有机会充分施展拳脚，最终提升个人业绩。

当然，每个员工追求的东西是不同的，企业的战略定位也是不同的。但人的需求是共通的，大多数员工都渴望在团队中有发言权和自主权。管理者给员工发言权和自主权，有利于提升员工的敬业度和工作表现，最终有利于提升团队解决问题的水平。

5.4　目标因素：不科学的结果导向制造不积极的团队

如果将团队比作航行的船只，那么，要想以最快的速度到达对岸，团队就必须要有明确的目标。有了目标才有方向，才有清晰的行动路径。如果目标不清晰，团队成员就很难做到心往一处想、劲往一处使；就很容易产生内耗，导致团队战斗力锐减。事实上，这恰恰是很多团队的现状，由于不科学的结果导向，造成团队不积极。

很多管理者信奉"结果导向"的管理模式，并经常这样对员工说："别跟我讲过程，我要的是结果。过程再好，没有结果也是白搭。"这话听起来很有道理，但如果员工不了解团队目标，对自己的工作任务没有清晰的目标感，他们又怎么能通过执行取得好的结果呢？

这就是以结果为导向的管理模式——只管结果，不管过程，一切凭业绩说话；它往往把过程视为结果的一部分，甚至忽视过程；一切考核都只关注结果，这是一种具有强权色彩的管理模式。最典型的以结果为导向的例子就来自于美国西点军校。

据说在西点军校，长官问话时，学员只能有四种回答：

"Yes sir(报告长官，是)！"

"No Sir(报告长官，不是)！"

"I don't know，sir(报告长官，我不知道)！"

"No excuse，Sir(报告长官，没有借口)！"

军校训练的是军人的执行力，培养的是军人钢铁般的意志。因为战争是残酷的，在战场上不是你死就是我亡。强调以结果为导向，对于这种特殊的组织，简单易行，具有很强的适应性。但强行将这种管理模式移植到企业管理中来，会产生以下诸多弊端：

（1）从管理风格与氛围上来看，长期强调以结果为导向，容易造成简单粗暴的管理风格和沉闷压抑的团队氛围，不利于公司的长远发展。

（2）从权责匹配性上来看，一味地强调以结果为导向，会导致员工的责任和压力过大，最终会让权责在执行过程中发生背离。最典型的现象就是干事越多的人责任越大，干事越少的人责任越小，不干事的人没责任。

（3）从实际效果来看，一味地强调以结果为导向，容易导致员工变得保守，员工会觉得完成任务就是胜利。因为如果追求创新，一旦犯了错，将要承担责任。而对于有些员工来说，会变得急功近利，甚至走捷径，而不注意工作当中的细节，只要能应付最终的结果考核就行。

总之，一味强调以结果为导向，容易导致企业缺乏凝聚力，人心涣散，影响员工的敬业度和对企业的认同感。想要改变这种状况，不妨采取以目标为导向来代替以结果为导向。这两种管理模式看似只有两个字的不同，但实际上差别很大。

以目标为导向，源于彼得·德鲁克 1954 年在其《管理实践》这本书中提出的"目标管理"的概念。他认为，先有目标，才能确定工作。所以，企业的使命是把工作转化为具体的目标，通过目标来导向员工的行为。当企业最高管理层确定了企业目标后，必须对这个目标进行有效的分解，使之转化成各部门以及个人的分目标。再根据分目标的完成情况，对下级进行考核、评价和奖惩。

相对于以结果为导向，以目标为导向与之有以下几个差异：

在责任主体方面——以结果为导向指向的是员工个体或部门、团队。而以目标为导向则指向组织层面和工作关系。

在关注过程和环境方面——以结果为导向强调的是结果，强调的是没有理由和借口。而以目标为导向强调的是把大目标分解为小目标的过程，同时关注目标达成过程中的环境因素，还有完成目标所必需的资源条件和设备，强调的是管理者对员工的资源支持、精神鼓励和情感引导。

在目标的延续性与挑战性方面——以结果为导向注重预定指标的客观完成情况，对目标的延续性和挑战性没有特别的强调。而以目标为导向，则会在实现一个目标后，提出更有挑战性的目标，以便进入新一轮的目标导向过程。

通过对比，我们发现：以目标为导向在强调执行结果和业绩成果的同时，还关注工作关系和环境氛围的营造。它比强权色彩浓厚的以结果为导向，更有人情味和可持续性，更能适应团队管理的需要。

所以，从某种程度上来说，以结果为导向是对目标管理的一种误解，它过分强调了员工的"自我管理"与"结果评价"，却忽视了上下级商定目标、分解目标和组织对完成目标应提供的资源支持。

那么，怎样才能落实好以目标为导向的管理模式呢？

1. 鼓励员工参与式管理

所谓员工参与式管理，主要是指在分解目标的过程中，管理者应与员工平等协商，根据员工的能力、时间、意愿等，确定员工的个人目标。而不是随便给员工一个任务目标，强迫员工去执行。

2. 强调自觉的自我管理

在目标分解到个人后，管理者要向员工强调自觉的自我管理意识，即让员工合理安排自己的时间，有计划地执行这个任务目标。在执行过程中，管理者还应提醒员工不断地修正自己的行为，调整自己的工作方法，以便顺利实现目标。

3. 注重员工的自我评价

不管目标是否实现，在对执行结果进行考核时，都要重视员工的自我评价。具体来说，管理者要引导员工对目标实现过程中出现的不足、错误进行总结和反省，以提高员工的思想认识和工作能力。

4. 为实现目标提供支持

加拿大多伦多大学组织行为学教授罗伯特·豪斯有一个著名的"路径—

目标"理论，他认为管理者要排除走向目标的障碍，使员工顺利达成目标。在这个过程中，要满足员工多种多样的需求。可见，以目标为导向，并不是把目标告诉员工，管理者就万事大吉了，而要给员工提供完成目标所需的资源支持。

5.5 价值因素：付出与所得不成正比打击团队积极性

2018 年元旦前夕，一个从事人力资源工作的朋友，跟我分享了他工厂里的烦心事：

老赵是公司里的技术工，工作多年，一直兢兢业业，公司里还有很多像老赵这样的老员工。大家平时很少讨论关于工资的话题，但就在 2017 年年中，公司招来了一批新员工。

某天，一位新员工和老赵聊天，无意间说到工资的问题。老赵很清楚，员工之间忌讳谈论薪资话题，因此一再回避。

没想到，新员工却不加掩饰地说出了自己的工资是 6000 元。老赵顿时感觉像被雷劈了一样，有点缓不过神来。因为新员工的工资居然比他的工资还高，凭什么？

后来，老赵把这个消息告诉了其他老员工。一时间，这件事在公司议论开了，很多老员工背后说老板的坏话。

很快，消息传到了老板耳朵里。老板十分生气，觉得老员工思想顽固，思维呆板，工资比新员工低是理所当然的。老板还召开员工大会，狠狠地抨击了老员工一番，说："公司给员工的工资十分公平，不满意的可以走！"

老员工哪受得了这般对待，于是纷纷递交辞职信。公司一下子就空了，剩下的大部分是新员工，由于业务不熟悉，很多项目没办法进行下去。三个月后，一直和公司保持合作的几个老客户，相继投诉产品质量有问题，要求立即处理。但这些问题比较复杂，对技术要求很高，新员工处理不了，能处理的老员工基本都辞职了。

结果，几个老客户要求公司退货，公司损失惨重。老板彻底傻眼了。

任何一家公司发生这样的事情，都会是双输的局面。老员工步入中年阶段，没了稳定的工作；公司损失更是无法估量。既然老员工明白工作的重要性，为什么还要硬着头皮辞职不干呢？

很简单，因为他们觉得付出与所得不成正比，严重挫伤了他们的工作积极性。同时，与其他员工的工资对比，让他们觉得很不公平。因此，他们认为自己的价值没有得到公司应有的尊重，感觉受到了侮辱。所以，在自尊心和价值得不到认同的双重作用下，他们选择离职。

类似的例子还有很多。比如，小刘进入公司刚半年，业绩就做到了公司第一名。但是当他得知自己的工资没有老员工高，觉得很不公平。于是，找到老板说理，老板却说："你才来公司半年，给你涨工资不合适，会让大家觉得不公平的！"听了这话，小刘失望之极，便愤然离职。

小刘说，老员工上班不是聊天就是看新闻、玩游戏，把该负责的事情推给别人去做。而他勤勤恳恳，既敬业又有业绩，到手的工资却比老员工少，实在忍受不了。更让他接受不了的是，老板居然说给他涨工资会引起大家的不满，这完全是对他个人价值的无视。

那么，为什么会出现这种问题呢？悲剧的根源是什么？其实反映出来的是企业薪酬模式的陈旧与落后。很多企业根据员工的学历、资历、工作年限来定薪酬，却忽略了重要的一点——企业获利的关键，不在于员工的学历、资历、工作年限，而在于员工所创造出来的价值结果。

对于技术人员来说，研发了一个新产品，这是一个结果；对于业务员来说，获得了一个订单，这是一个结果；对于公关部门来说，顺利化解了企业危机，这是一个结果……企业是依托于员工所创造的价值结果来存活的，而不是根据员工的学历、资历、工作年限来存活的。员工学历再高、资历再深、工作年限再长，若是不能为企业创造价值结果，那么一切都是毫无意义的。

所以，对于员工来说，较为公平的薪酬模式不是根据学历、资历、工作年限而定，而是依据员工创造的价值结果而定。要让员工感受到自己的付出与所得是成正比的，这样员工才会觉得为公司奉献是值得的，员工才会心甘情愿地干下去。

好的薪酬模式，应该具备两大功能。

第一是共赢，即员工工资在增长，企业薪酬费用率反而在下降。这说明员工创造的价值提高了，其提高比例超过了员工工资增长的比例。

第二是激励，即员工清楚自己的工资为什么上涨，因为企业有一个客观合理的涨工资的标准，有多维度的涨工资的渠道。这样员工在与他人的工资比较中，才会看到公平。

要想实现员工所得与付出成正比，同时企业经营效益不断提高，就必须改变传统的薪酬模式。在这里，我们推荐 KSF 薪酬模式，又叫全绩效薪酬模式。它将员工的薪酬与公司的绩效全面融合，寻找两者关注的平衡点，从而形成利益的共同体，实现共创共赢。

KSF 薪酬模式不仅着眼于绩效优化，更致力于同步提升员工的收入，激发员工士气和创造力。KSF 薪酬模式可以做到给员工加薪，但却不增加企业薪酬的费用率。因为给员工涨工资，分的是员工价值创造的钱。换言之，员工创造了高产值，提高了企业的效益，企业从这部分效益中，给员工多分一些钱。

举个简单的例子，某门店店长的 KSF 工资模板是这样的：

（1）门店每个月的营业收入每增加 5000 元，奖励 100 元，每减少 5000 元，少发 50 元；

（2）门店的利润额每增加 1000 元，奖励 50 元，每减少 1000 元，少发 25 元；

（3）人均营业额每增加 500 元，奖励 30 元，每减少 500 元，少发 10 元；

（4）培训员工，多培训一个小时，奖励 20 元，每少一个小时，少发 10 元。

从这个例子中，我们可以看到：企业对员工的奖励，是根据其价值创造结果来确定的。员工创造的价值越多，奖励就越多，每月得到的薪酬自然就越多。而对企业来说，员工拿的越多，意味着他给公司赚得越多，这自然不会增加公司的成本。所以，KSF 薪酬模式对企业与员工而言是一种双赢的薪酬模式。

那么，KSF 薪酬模式该如何操作呢？请看以下 7 个步骤，如图 5-4 所示：

图5-4　KSF薪酬模式的操作步骤

第1步：岗位分析

对具体的部门和岗位进行分析，要做哪些工作？每项工作要花多少时间，频率如何，强度难度，工作创造的价值有多大？

第2步：工作量化

找出可以量化的工作，并对量化的工作进行时间和数量上的评估。

第3步：工作定价

对分解的工作内容进行定价，每一项工作值多少钱？初次使用KSF薪酬模式时，可以先定价低一点，以便后续保留加薪的空间。

第4步：打包估值

对于不容易量化的部分，直接算入打包产值，即大致估算一下价格。

第5步：工作归类

把企业里所有的工作进行归类，同类的工作执行同样的工价。

第6步：薪酬测算

测算每项工作都完成的情况下，员工每月的薪酬是多少。注意：一定要给员工补充新产值项目，以达到加薪的效果。

第 7 步：渠道开发

开发更多公共类产值，让员工有更多创造价值并获得加薪的渠道。同时不断优化项目，调整单价，让单价更加科学合理。

最后，特别需要提醒大家的是：让员工付出与所得成正比，不只是表现为提供给员工满意的、对得起员工价值创造的薪酬。还表现为给员工提供发展的平台，给员工施展才华的机会，以及满足员工职位晋升的需求。此外，给员工全面的福利保障，也是稳定人心，增强团队凝聚力，激发员工积极性的必要举措。

5.6 环境因素：枯燥单一的氛围影响高效团队的产生

一次，有个朋友跟我说，他们部门的员工最近爱上了养小植物。这样一来，他就发现一个微妙的变化，部门气氛变得好像比以前活跃了。有时看到大家在工作之余，摆弄小盆栽，相互间交流养小植物的经验，部门内的人际关系显得非常和谐。与此同时，大家工作的积极性也提高了不少，团队之间的沟通比以前更融洽了。更让他感到惊喜的是，那段时间大家的创意也特别多。

朋友的话让我意识到工作环境的重要性。几天后，我恰好去另一个朋友的公司，就特别留意了他们的办公环境。他们的办公环境装修得还是很大气的，可是让我觉得不舒服的是，员工的办公桌卡位有很高的屏风。如果想和旁边人沟通，就必须转动椅子，后退半个身位，才能看到对方。可这样一来，又会挡着过道，影响别人通行。

公司的各级领导都有自己的办公室，大事小事请示领导，要先礼貌地敲门。听到里面传来严肃的"请进"二字，员工才能进入。我感到这种办公环境散发着一股压抑的气氛。于是忍不住联想：假如我是这家公司的员工，我肯定不会轻易找领导商量问题，也不愿意后退半个身位，和邻座的同事聊聊我的创意。因为那样挺麻烦的，而且看起来不太合适。

在这样的环境下工作，员工的敬业度和创造力会很一般。这并非信口开河，而是全球领先的办公家具品牌 Steelcase 做过的一项调查的结论。Steelcase 曾做过一项关于"敬业度与全球办公场所状况"的调查，结果发现：当员工对办公环境非常满意时，他们的敬业度也很高，相对的，他们的创造力也会提高。

员工的积极性不仅与公司的企业文化、团队氛围、目标愿景、薪酬体系、激励政策等有关，还与办公室环境有着密切的关系。其中，前面五项属于软性环境的建设，非一日之功。而办公室环境的打造，则可以从硬件设施方面入手，对提高工作积极性和工作效率可以起到立竿见影的效果。

舒适的工作环境，可以让员工保持良好的工作状态，拥有持续的工作动力，还可以使员工更加全身心地投入到工作中去，从而有利于激发员工的创意。反之，不舒适的工作环境则容易分散员工的注意力，降低员工思维的活跃性。

说到办公环境，很多人会想到互联网搜索引擎巨头 Google。它凭借舒适和人性化的工作环境，多次被美国《财富》杂志评为全球最佳雇主。他们的办公空间设计打破常规布局，以人性化为主导因素，既给员工提供了舒适性的享受，又很好地传播了公司文化。同时，他们把传统文化元素与办公环境完美地融合起来，使员工有了家的感觉，有效地提升了员工的工作效率。

再看看中国大部分企业的办公环境，还是在走传统路线。布局风格往往传达着森严的等级氛围，级别越高的人，办公环境越大，越舒适。比如，部门领导以上的管理者，往往拥有独立办公室，而大多数员工往往在大厅办公。

再看员工的办公环境，往往采取方形固定区域的形式，用隔断或卡座区分空间。合作共事空间多是见缝插针式的布局，容易给人压迫感。总之，这种办公环境影响员工之间交流，影响上下级沟通，不利于员工保持放松、分享和创新。

说到这里，相信很多管理者都会想，那我回去赶紧调整我们公司的办公布局，改善办公环境，让员工更舒服，更有创造力。可是具体怎么做呢？

1. 设计办公布局要征求员工的意见

什么样的办公布局才是好的？怎样打造办公环境？这些不应由管理者说了算，而是由大多数员工说了算。管理者认为开放式的办公布局好，员工可不一定这么认为；管理者认为封闭式的办公布局好，员工也不一定这么认为。所以，在设计办公布局时，不妨广泛征求员工的意见，听取员工的想法。最后，结合员工的建议设计一个能让大多数人都能接受的办公布局和办公环境。

当然，在征求员工意见时，难免会出现众口难调的情况。这个时候，管理者就要在参考员工意见的同时，结合企业文化特征融入自己的办公布局理念和想法。总的方向是，把办公布局和环境朝着整洁明亮、舒适自然的方向打造。

2. 给员工打造"轻松分享"的场景

为什么要用"场景"一词，而非"环境"一词呢？这是因为很多企业有"坐班"的员工，也有"不坐班"的员工。管理者在打造办公环境时，既要给坐班的员工设置固定的交流区域，也要给不坐班的员工设置移动的交流平台。

对于"坐班"员工来说，管理者要确保办公布局有利于大家日常交流。比如，打造一个圆形的办公布局，大家可以围坐一圈。有想交流问题的，随时就能看到对面的人，非常有利于增加交流的机会。如果团队需要沟通问题，那么大家的座位布局恰好呈现的就是一个小型会议场景，沟通起来会非常方便。

对于"不坐班"员工来说，管理者可以打造一个信息沟通平台。比如，现在的视频会议很火，通过手机就可以连接不在公司的员工，实现面对面的沟通。再比如，IBM 有一个叫"Think Place"的虚拟空间。无论全球40万员工身在何处，只要上网进入这个空间，就可以在里面发布点子、表达想法。

3. 好的办公环境要给员工主场感

好的办公布局和环境能让员工感到来公司就像回到家里，或来到一个熟悉的地方，那是自己的主场，而不是进入别人的空间，为别人打工。这其中的关键就是主场感，它直接影响员工归属感和主人翁精神的建立。那么，怎样给员工主场感呢？

英国有一家科学研究机构，专门通过研究来帮助企业改善业绩。经他们调查发现，在办公位置上摆放至少一张照片或一个盆栽，员工的工作效率会提高15%。相信大家也会发现，在很多电视剧、电影或在别人的公司里，看到员工喜欢把自己或家人的照片贴在自己的办公桌上，或在办公桌上摆放一个盆栽，或根据自己的喜好适当装饰自己的办公桌。其实，这些都是给员工带来主场感的有效举措。

也就是说，管理者在大的办公布局之下，要给员工装饰个人办公区域的机会。这样有助于让员工获得认同感和归属感，让他们觉得对自己的办公区域拥有自主权。在这种情况下，员工会觉得企业不仅是老板的，也是他们的。

说到底，强调办公环境这个因素，并非教大家如何去打造一个绝对完美的办公环境，而是想让大家通过办公环境的升级去挖掘和满足员工的深层次需求，用平等尊重的管理方式满足员工的自主权，从而提升员工的敬业度和积极性。

另外还要补充的是，改善办公环境，是为了让员工感到舒适，而不能直接提升员工的创造力。因为比创新更重要的是，员工在舒适的环境里，相互之间能有更多交流协作的机会。由此激发员工的敬业度、专注力，继而释放创造力。办公环境只是"辅"，营造交流协作的氛围才是"主"。

第六章

驱动：是你不会激励，还是团队没有能力

　　管理者在抱怨团队无能时，却忽视了一个问题：为什么换个管理者带领同一个团队，团队的执行力会发生惊人的变化？或者说同样是人数相当的团队，甚至别人的团队成员整体水平还不如自己的团队成员，为什么人家的团队战斗力会更强大？所以说，不是团队没能力，而是管理者不会激励。会激励人的管理者才能驱动团队，让团队充满战斗力。

6.1 团队潜能须要在刺激下，才会被激发

一个十几岁的男孩看父亲修理汽车，突然千斤顶滑脱，眼看父亲的手就要被压在车轮底下，男孩迅速伸出手抬了一把汽车，为父亲争取了 0.0001 秒的时间把手缩回来。

一位母亲看到自己的孩子从高空摔下来，以百米冲刺的速度跑过去，并伸出双手把孩子接住了。虽然她双手骨折，但却保住了孩子的性命。

地震中，人能推开巨石；火灾中，人能搬动平时搬不动的重物；被狗追击时，人跑得比平时快得多。对于这些现象，专家的解释是：当人体技能对紧急情况产生反应时，肾上腺会分泌大量的激素，传到整个身体，从而释放出巨大的额外的能量。虽然只是瞬间产生那么大的能量，但可以说明这种能量原本就存在于人的身体里面，只是在平时潜藏着，没有被激发出来。

难怪有人说潜能是人类原本具备却忘记使用的能力，或者说是尚未被开发与利用的能力。如果能够激发它、挖掘它，让它为我们所用，就能提高我们的战斗力。同样，管理者如果能找到刺激员工的办法，也能激发出团队的潜能，提高团队的战斗力。

说到中国最成功的足球俱乐部，很多人首先会想到广州恒大。而对恒大来说，他们刺激球员发挥潜能最有效的一种手段是高额的奖金。恒大俱

乐部创始之初，就制定了一系列针对球队的奖励措施。2013年恒大首次夺得亚洲冠军联赛的冠军时，恒大奖给球员和教练的奖金总额高达2.58亿元。而大多数欧洲顶级球队的全年奖金，也达不到这个数额。

但是恒大刺激团队的手段并不是只有高额奖金。2015年恒大取消了赢球奖金，但这并没有影响恒大俱乐部球队的比赛成绩。截至2018年2月，恒大已连续七次获得中超联赛冠军，是获得中国足球超级联赛冠军次数最多的球队。恒大还获得过四次中国足球超级杯冠军和两次中国足协杯冠军，以及两次亚洲冠军联赛的冠军。

恒大的成功打破了很多人的质疑——当初恒大取消赢球奖金时，很多人担心球队会因失去赢球奖金的刺激而战斗力减弱。可实际上，为什么恒大的战斗力没有减弱呢？这符合心理学家做过的一个实验。

实验是这样的：让一群大学生逐个电击密室里的人。电压从5V开始，慢慢地增加，当电压增加到100V时，无论心理专家如何劝说大学生，大学生们都拒绝实施电击，理由是"这样做是违法的；这超越了道德底线"。

接下来，心理学家把大学生随机分为两组。

甲组继续要求提升强度，但几乎每个人都拒绝这么做。

乙组被告知，每提升一次电压的强度，都会获得一笔奖金。结果，乙组成员虽然不情愿，但在奖金的刺激下，他们还是答应实施电击。

两周后，心理学家把两组大学生召集起来，重复上次的电击实验。这一次，没有任何奖励。可结果显示，上次因得到奖励而实施100V以上电击的大学生，这次依然配合实施电击。而上次没有得到奖励的大学生，仍然拒绝实施高压电击。

很多人非常诧异，为什么会出现这样的结果？为了找寻答案，心理学家对被奖励这组成员进行了两个月的心里跟踪，最终了解到他们的心理：

第一次结束后，95% 的乙组大学生都会自责。为了达到内心平衡，他们说服自己"我是为了大局，我是为了配合专家做实验，而不是为了金钱"。而在第二次实验中，为了证明自己"不是为了金钱"而实施电击，他们决定一不做、二不休。

通过这个例子可以发现，适当的刺激能唤醒人的负面本能，也能激发人的积极潜能。而且当人的潜能被激发出来后，即使不再去刺激，这种潜能也会继续发挥作用。换句话说，当我们意识到自己有能力做到曾经认为不可能做到的事情时，就算没有特殊的刺激，我们也可以稳定地超常发挥。

作为管理者，不要害怕给员工的刺激会增加企业的成本，而要相信：当你把团队的潜能激发到一定程度时，即使刺激源减少了、减弱了，团队依然能够保持超常的战斗力。所以，还犹豫什么呢？赶紧想办法刺激你的团队吧！

1. 重赏之下必有勇夫

物质奖励的重要性毋庸赘言。一个企业，如果不能给与员工实际贡献相匹配的物质奖励，其他一切激励都是白费，因为物质需求的满足是最基本的。员工可以暂时理解公司在创业阶段的困难，可以短时间内少拿一点工资和奖金，但如果公司效益增长，团队成员在所获得的物质奖励上不能增长，团队的战斗力是没有保障的。

2. 奖励未必只有金钱

很多企业老板和管理者都拒绝给员工太多的金钱奖励，担心总有一天由于员工"胃口"越来越大或成为惯例会增加经营成本；一旦无法满足，员工便会失去工作的干劲和动力。如果你也有这种担心，那么你不妨给员工金钱之外的其它奖励。因为有些奖励是金钱买不到的，比如，鼓励员工在相关领域创业，给他们提供资源支持，让他们感知到切身利益，他们才会发挥最大潜力去创造价值。再比如，给员工提供学习的机会，或给他们创造施展才华的平台，这样也能激发他们创造更大的价值。

3. 竞争激励不可或缺

企业内部、团队内部的良性竞争，能够有效地刺激员工你追我赶、积极争先。因此，管理者可以经常开展企业内部的主题竞争，或推行竞争上岗制度，鼓励有能力、有追求、有担当的人毛遂自荐，从团队中脱颖而出。

4. 危机刺激卓有成效

乌龟在大多数人的印象中都是慢腾腾的，一个小时也爬不了几米远。可是有位网友偏偏不相信乌龟慢，为了证明自己的猜测，他把乌龟放在跑步机上。一开始，乌龟的行动的确很慢，但随着跑步机的速度加快，乌龟的速度也同步快了起来。最后，乌龟竟然成了"飞毛腿"。

为什么乌龟能够快跑？因为如果它再慢腾腾，就会脱离跑步机这个平台。人也是这样，如果大家都快，而一个人却漫不经心、慢条斯理，那么最后他就会被淘汰出局。这就是危机带给人的刺激，使人不得不加快速度，提高价值贡献，以跟上团队的步调，甚至超过别人。

这就启示我们，要给团队危机刺激，比如，采取末位淘汰制，让团队成员不敢懈怠。当大家有了危机感时，他们想着不进步就会被超越，不进步就会被淘汰，那么他们就会要求自己保持进步，不断超越自己，超越别人。在这个过程中，他们的潜能就会不断被激发出来，以至于变成一种常规能力。

5. 赞美激励永不过时

韩国有家公司的一名清洁工——本来是最容易被人忽视的角色，却在一天晚上，公司遭遇窃贼时，与窃贼进行了殊死搏斗。事后，有人问他当时的动机是什么时，他说："总经理从我身旁经过时，总会赞美我扫得真干净。"

可见，真诚的赞美和认可，能激发他人无限的潜能。所以，永远不要吝啬你对员工的赞美、认可和感激，哪怕对方是个很不起眼的小人物。当公司的销售额又上一个台阶时，你要清楚，这不是你的功劳，而是员工的功劳，是团队协作的功劳。你要记得感激员工，记得肯定和赞扬员工。

当员工生日、婚礼或其他节日时，慷慨地给员工送上红包，送上祝福，或请他们吃顿饭，让他们知道你心里有他们，你很感激他们。这样，他们就会心情舒畅，对企业忠心耿耿，努力为企业做贡献。

6.2 企业与团队角度下的激励"五原则"

带团队不能缺少激励，但激励是一门艺术，需要掌握相应的原则，才能确保激励出员工的潜能，激发出团队的战斗力。站在企业与团队的角度，要想激励出成效，管理者务必坚持以下五个原则，如图 6-1 所示：

图6-1　团队激励的五个原则

原则1：只奖对的

只奖对的，顾名思义就是要奖励正确的事，要针对员工正确的行为进行激励。如果奖励员工错误的行为，奖励错误的事情，错误的事情就会经常发生。这个原则看似简单，但在具体实践中，有些管理者却在不知不觉中忽视了、违背了。

很多人都听说过这样一个故事：农夫看见一条蛇咬住了一只青蛙，非常心疼青蛙，就把青蛙救了出来。但又觉得对不起饥饿的蛇，于是将随身携带的食物给蛇吃，蛇吃了食物就离开了。农夫正为自己的行为感到高兴时，又看见蛇咬住一只青蛙回来了，眼巴巴地望着他，期望得到他的奖励。

常言道："种瓜得瓜，种豆得豆。"农夫对蛇的奖励起到了作用，但这却与他的初衷背道而驰。这就是不恰当激励引发的不良后果——使更多的青蛙遭殃。管理者在激励团队的时候，一定要避免犯农夫这样的错误。

原则2：因人而异

人与人的需求是不同的，所以，相同的激励措施，对团队成员所起到的激励效果也不尽相同。即便是同一个员工，在不同的士气、不同的环境下，也有着不同的需求。比如，年轻人渴望发展的机会，上有老、下有小的中年人渴望稳定的薪酬保障，职业妇女渴望假期。所以，激励要因人而异。

怎样才能做到因人而异地激励员工呢？管理者在制定和实施激励措施时，要先广泛地了解所有员工的需求，并将大家的需求整理归类。然后再针对不同的需求，制定相应的激励措施，从而尽可能地满足大家的不同需求。

原则 3：公平公正

确保公平是团队激励的一个重要原则。在团队内，一旦员工感受到了不公平的待遇，他们的情绪和工作效率就会受到影响。因为在群体中，一个人不仅关心自己获得什么样的奖励，还会去和别人作比较，比较的结果将直接影响员工的积极性。比如，业绩相当的两名员工，甲所得到的工资待遇、奖金数额、晋升机会不如乙，甲就会觉得不公平。

所以，在定薪酬、给奖励时，一定要确保做到同等业绩的员工，获得同等层次的薪酬和奖励。同理，犯同等错误的员工，也应受到同等层次的处罚。为此，管理者一定要有维护公平的态度，处理员工问题时不能带有任何偏见和喜好。哪怕有些员工你比较喜欢，有些员工你比较反感，也要努力做到一视同仁，做到对事不对人。

原则 4：保持时效

心理学研究发现，一个人做出成绩的瞬间，最渴望得到肯定和表扬。随着时间推移，越往后他对肯定和表扬的渴望程度就越低。所以，如果你想通过激励产生最好的效果，请注意激励的时效——在员工做出成绩后立即给予奖励。哪怕奖励不是金钱，不是物质，只是一句肯定的话语，或随手递过去的一根香蕉，也能极大地鼓舞员工。

有一次，德国福克斯波罗公司的总经理遇到了一个很棘手的技术难题，他苦思冥想很久，也没有找到解决的办法。这天下班后，他呆在办公室里继续思考，一名员工敲门进来，向他分享了自己的想法。总经理听了员工的想法，马上意识到对解决问题很有帮助。果不其然，几分钟后，他就攻克了这个技术难题。

当时总经理十分高兴，觉得有必要奖励员工些什么，但一时间他也没什么好奖励员工的，突然他看到办公桌上有一根香蕉，于是把香蕉递到员工手中，充满感激地说："真是太感谢你了，你是好样的，你提出的办法解决了公司的难题，你是优秀的，这是给你的奖励。"

员工接过香蕉，感到受宠若惊，激动地说："谢谢总经理，请您放心，我会在工作中继续努力的。"

后来，福克斯波罗公司专门设立了一个奖项，名叫"金香蕉奖章"，作为公司给予员工最高的奖励。

通过这个例子，我想强调的是：奖励不要等到年底，不要等到月末，而要现在进行。当然，这并不是说激励要一味地求快，也不是说非要等到员工干出成绩才激励，而是指在员工最需要激励的时候去激励。比如，员工的工作进展非常顺利，成功就在眼前，这时突然遇到了一点困难"卡壳"了，这个时候员工最需要激励。如果管理者及时鼓励员工，肯定员工当前的表现，往往能激发员工一鼓作气完成工作。

原则5：惩罚适度

有些管理者对激励存在误解，认为只有奖励才能激励员工。殊不知，奖励是一种激励，惩罚也是一种激励。有奖有罚，激励才能最具成效。惩罚不只是为了避免员工犯错，还是为了鞭策员工不断进步。它可以激起员工的自尊心，让员工为荣誉而战。那么，怎么惩罚员工才能激起员工的斗志呢？我们不妨看个案例：

有一次，日本索尼公司有一批销往东南亚的随身听产品出了质量问题，调查发现：这批随身听的质量问题并非产品本身的问题，而是外包装出了问题，并不影响内在质量。负责外包装的分公司赶紧更换包装，解决了问题，但盛田昭夫却不依不饶，他认为这种工作失误对企业将是致命的，一定要想方设法避免。

为了引起公司管理层的重视，盛田昭夫召开董事会议，并把负责那批随身听包装的分公司厂长叫到董事会议上，要求他陈述自己的错误。然后，盛田昭夫当着所有董事的面，严厉地批评这位厂长，并要求全公司引以为戒。

这位分公司厂长在索尼公司干了几十年，一直颇受领导器重，这次却在众人面前受到如此严厉的批评，他感到非常难堪，禁不住失声痛哭起来。这令在场的董事们觉得盛田昭夫对部下的批评太过严厉了。

会议结束后，这位厂长沮丧地走出会议室，他觉得是时候考虑退休了。就在这时，盛田昭夫的秘书走了过来，邀请他一起去喝酒。喝了几杯酒后，厂长沮丧地说："我是被总公司抛弃的人，你怎么还这样看得起我。"

秘书说："董事长一点也没有忘记你为公司作出的贡献，今天的事情也是出于无奈。会后，他害怕你为这事伤心，特地让我请你喝酒。"

接着，秘书传达了盛田昭夫对厂长说的话，安抚了他痛苦的心理。喝完酒后，秘书送厂长回家。刚进家门，厂长的妻子说："亲爱的，你真是受总公司重视的人，今天是我们结婚20周年纪念日，你们公司派人给我们送来了鲜花和贺卡。"

那一瞬间，厂长备受感动，他知道虽然被盛田昭夫当众批评了，但盛田昭夫并未忘记他的贡献。从此，他更加努力地工作，以报答公司的知遇之恩。

盛田昭夫不愧是惩罚激励的高手，为了公司的利益，他严厉地批评了下属，但又能够体谅下属的感受，在批评后及时送上鲜花和贺卡，以消除下属的沮丧心情。这样既表达了关爱和慰问，也表达了器重与厚爱，怎能让人不感动，怎能让人不对企业死心塌地？可见，惩罚不是目的，也不是单一的手段或方式，而要配上关怀，才能收到良好的效果。

6.3　最好的激励是"回归常识，梳理逻辑"

在企业经营和管理中，当我们制定了合理的制度，定好了企业的战略目标，组建了执行团队，并明确了权责，拟定了计划之后，却发现员工并没有按照我们预期的那样去行动。这不仅可以表现为执行不到位，甚至连执行的方向都可能搞错了。那么，出现这种情况的原因究竟是什么呢？

我认为，原因是没有做好员工激励。由美国经济协会设立的克拉克奖的得主——美国经济学家蒂芬·列维特曾说："绝对、永远不要以为人们仅仅因为某件事是对的就会去做。"前 IBM 公司 CEO 也说过："你的下属绝对不会做你希望的事情。"所以，如果不想企业战略成为一纸空文，那就要重视员工激励这门必修课。

讲到团队激励，我们听到最多的是两种观点，如图 6-2 所示：

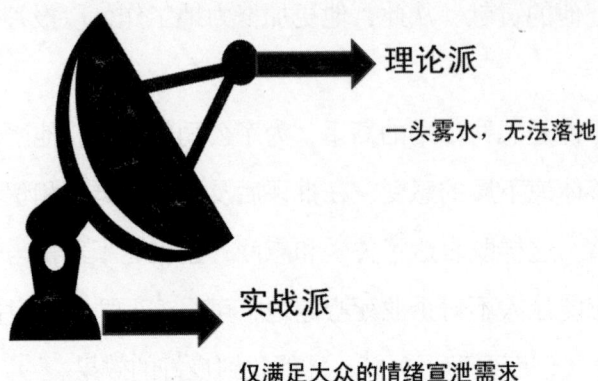

理论派

一头雾水，无法落地

实战派

仅满足大众的情绪宣泄需求

图6-1　关于团队激励的两种观点

一种观点属于理论派，持这种观点的人认为，激励员工应该先从马斯洛的需求层次理论开始，然后再参照赫兹伯格的双因素理论。理论水平稍高的人，可能还会提出参照亚当斯公平理论和弗鲁姆期望理论。

然而，理论终究是理论，很多管理者学完之后，还是一头雾水，不知道怎么激励员工。例如，到底给员工多少钱才能满足马斯洛所提出的生理需求呢？制定怎样的制度才能满足员工的安全需求呢？团队举办什么样的活动才能满足员工对企业的归属感呢？如果用公平的方式招聘不到合适的人才怎么办？

另一种观点属于实战派，持这种观点的人认为，激励员工就要信任员工，大胆放权，给员工充分的自主权发挥聪明才智。激励员工就要赞美员工，绝不批评、打击员工，要让员工保持积极性。然而，这种激励方式不过是为了迎合大众的情绪宣泄需求，并不能真正产生实际效果。

既然理论派和实战派这两种激励策略都没有什么效果，那我们又该如何激励员工呢？我认为，对员工最好的激励是回归常识，梳理逻辑。

所谓常识，就是承认每个员工在不同阶段有不同的需求。因为员工激励是一项复杂的、长期的动态过程，而并不是一成不变、一劳永逸的静态过程。所谓逻辑，就是大胆假设，小心求证，找到能让企业和员工实现双赢的具体激励举措。

那么，在激励员工时，按照回归常识、梳理逻辑的原则，到底该怎么做呢？具体做法可以参考以下五个步骤，如图6-3所示：

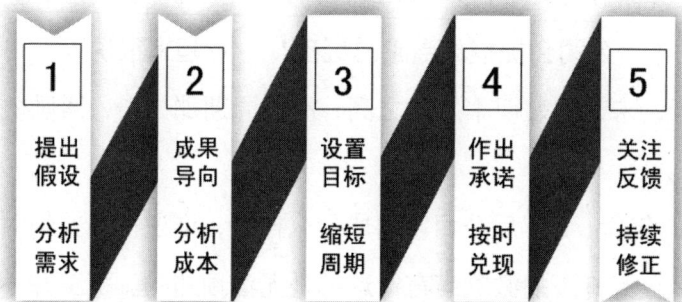

1	2	3	4	5
提出假设 分析需求	成果导向 分析成本	设置目标 缩短周期	作出承诺 按时兑现	关注反馈 持续修正

图6-3　回归常识，梳理逻辑的五个步骤

第1步：提出假设，分析需求

不要听员工嘴上说他们重视什么，也不要一厢情愿地以为员工重视什么，而要透过现象看本质，分析员工真正重视什么。例如，假设给员工涨工资，员工可能会产生哪些好的变化？又会有哪些不良影响？如果会引起其他员工的不满或让员工变得膨胀，一段时间后涨工资的激励效果就会消失。通过分析员工的需求，提出不同的假设，可以帮你确定员工真正重视的是什么。

第2步：成果导向，分析成本

推出一项激励举措，会给企业增加多少成本？这项激励举措推出后，能给企业带来多大的回报？如果回报比成本小，那这项激励举措就没有推出的意义。换言之，企业推出每一项激励举措时，都要分析成本、预测回报，对企业有利的激励举措，才值得推行。毕竟企业是一个以追求经济利益为目的的团队，因此，管理者永远不能忽视成本和收益。

第3步：设置目标，缩短周期

经常听到管理者对员工说："如果你好好干，10年之后公司会奖励你一辆车！""如果你好好干，10年之后公司会奖励你一套房子！""如果你好好干，5年后公司会提拔你当副总经理！"听起来很诱人，可是在快速发展的今天，未来的贴现率如此之高，激励周期那么长，激励效果又有多少呢？

再者，10年后、5年后公司发展成什么样子，谁说得准？到时候管理者会不会兑现今天许下的激励诺言？这都是无法预知的。员工并不傻，因为这些承诺的期限太长，太遥远，意味着难以兑现，他们也知道未来是虚无缥缈的。所以，请不要在漫长的激励周期内，给员工太高的激励目标。

明智的做法是：在较短的周期内，给员工看得见、摸得着、最实际的好处。这样的激励举措才有意义。比如，对员工说："如果这个月你的业绩能达到多少，给你10个点的绩效奖金！""如果你连续三个月业绩都能名列公司前茅，三个月后提拔你担任销售主管。"这样的激励目标和激励周期就很贴合实际，员工知道怎么做，知道做好了会得到什么，他们才会充满动力。

第4步：作出承诺，按时兑现

在员工激励方面，很多管理者喜欢对员工作出承诺。比如，"如果公司上市，你会得到多少股份！""如果公司设立分公司，你会担任分公司的一把手！"承诺得越多，兑现的难度就越大。一旦兑现不了，就会打击员工的积极性。到最后，员工甚至都再不相信公司的激励承诺，激励效果可想而知？为了使激励措施取得好的效果，就应该在承诺的期限内按时兑现。

第5步：关注反馈，持续修正

特别要提醒一句的是：我们对员工有怎样的需求，是一种假设，而不是结论。所以，必须关注员工对于激励的反馈情况。比如，你通过假设和分析，认为员工最想要的是加薪。当你根据员工的工作表现，对员工实施加薪激励之后，要持续关注员工在加薪之后的表现。

如果员工加薪之后，工作积极性高涨，执行力大大提升，那么说明加薪是员工最希望被满足的需求。如果员工加薪之后和加薪之前的工作表现相差无几，没有明显的改善，那往往说明加薪并不是员工最需要的。这个时候，管理者应与员工沟通，了解员工的真实想法和需求，以便修正下一步的激励举措。

总之，要在员工激励的全过程中，重视信息的收集和意见的反馈，不断修正假设，改进激励举措，才能不断提高激励效果，最终让激励真正发挥实效，带给企业巨大的回报。

6.4　利用共情效应，打造激励传染源

某集团老总说，他给员工开出的工资标准是同行的两倍，但大家工作时还是无精打采。这个问题让他伤透了脑筋，他也想过很多办法，比如增

加年终奖金额度，还组织大家搞拓展训练。大家在拓展训练现场也斗志昂扬，可回到公司又恢复到往日的懒散。

其实，这是很多企业遇到的普遍问题。物质激励所具有的效果是短暂的，金钱买不来员工的幸福感和工作激情。怎样才能解决这个问题呢？直到有一天，我了解到一家品牌连锁餐厅，据说该餐厅的价格比同行要贵很多。但由于员工服务态度真诚，服务水平专业，回头客一直络绎不绝。出于职业的好奇，我就专门去一探究竟。

进入该餐厅的一瞬间，我就感受到了这家餐饮店的与众不同。每个员工传递给我的不是那种职业化的微笑，而是发自内心的真诚，从笑容到手势，从沟通到眼神，每个细节都让人感到轻松愉悦。也许这就是他们的核心竞争力。

经过了解，我得知他们员工的工资只能算是行业的一般水平，显然他们对员工的激励模式是精神而非物质激励。那么，他们又是怎样对这样一个大型团队进行精神激励的呢？几个店员都告诉我，身处这样的集体中，他们很容易被团队的快乐氛围所感染。这不禁让我想到一个词——病毒式激励。

所谓病毒式激励，指的是公司对员工的激励就像一种流行病毒，谁接触到了就会被感染，然后病毒继续扩散，传染面呈网状向周围扩散。那么，该品牌管理层又是如何对团队实现病毒式激励呢？

首先，从招聘环节来看，他们非常重视员工的背景，重点选择来自工薪阶层或农村的新人，因为这个阶层的人具有强烈的平等意识，更能体谅人。他们还会招聘性格气质相对外向、善于表达的人，因为这类人更容易成为病毒式激励的一个传染源。他们还重视内部引荐人才，因为这样的人可以与团队共享价值观。

其次，从培训环节来看，他们除了培训员工的服务技能，还特别重视员工沟通能力的培养。例如，每天半个小时的晨会上，店长训话只有1分钟，其余大部分时间是用于员工分享业务技能、沟通技能、服务经验。这个过程本身就是一种沟通训练，它要求员工大胆地表达自己的想法，也要求他们学会倾听。

再者，从人文关怀上来看，公司发起了一个"四海皆亲人"的活动，每个外地员工的家属来到本地，公司都会给该员工特别放两天假，并让他所在的班组提前下班，为该员工的家属准备欢迎宴。

另外，从内部交流来看，公司主张频繁地跨部门人员交流。每个季度，员工都可以在便签上写上自己想去的目标部门，部门主管随机抽出25%的人员进行岗位轮换。据说这一制度最初遭到了很多人的反对，有些管理者认为这种交流没有实际的意义，无法达到培养人才和保持团队活力的目的。但随着制度的实施，管理者们发现这项制度很好地提高了员工的工作热情，并很好地促进了内部交流。

真正的激励不只是加薪和发奖金那么简单，而是让激情像病毒一样，把每个人都变成传染源，使团队处处涌动着快乐的气息，使感动无处不在。在病毒式激励模式下，员工不再是被激励的对象，而是能主动自我激励，并积极感染身边的人。

品牌餐饮店的病毒式激励，让我们看到了员工的幸福之源。那么，其背后的激励逻辑是什么呢？

1. 精神激励满足员工的内在需求

美国《麦肯锡季刊》调查显示，与提高底薪、奖金红包和股票期权等常规经济激励手段相比，非现金激励如上级的表扬、领导的重视（比如一对一谈话）、给员工负责任务小组的机会等，在激励效果方面有过之而无不及。

这个调查结论告诉我们，不要片面地进行物质激励，而忽视了精神激励。要知道，有时候精神激励所产生的激励效果，甚至远远超过了物质激励。特别是对于那些志在提升自己，获得更好发展机会的员工，精神激励更能满足他们的内在需求。

相对于物质激励，精神激励的影响力、作用力更为持久。因为它可以满足员工深层次的需要，给员工带来极大的满足感、成就感，使员工对企业产生认同感，从而增强团队的凝聚力。还有就是，精神激励能够在员工中形成企业特有的精神风貌和团队风气，塑造良好的企业文化氛围，进而潜移默化地感染每个员工。当然，人的内在需求是不同的，对于精神激励的具体措施，也要因人而异，才能收到理想的激励效果。

2. 让员工感受到周围 360 度的关爱

在传统的物质激励模式中，公司给员工奖金，员工感知到的是金钱。员工只有在领到奖金时，才有新鲜感。但慢慢地，他们就会习以为常。到最后，管理者就会发现：钱发得越多，员工的激情却越来越少。

但是在病毒式激励中，我们更强调情感关怀，强调对周围人际环境的感知，即员工感受到来自企业的情感倾注，这是一种长效的激励。因为情感关怀不仅可以来自于上级，更可以来自于平级和下级。餐饮店深谙此道，让激励在人际关系网络中以病毒的方式传播，让员工感受到了来自周围360 度的关爱，从而让团队中的每个人都受到感染。

3.打造四通八达的人际关系网络

利用情感资源实施病毒式激励，成本更加低廉，更加贴近中国企业的实际。通过不断加强员工之间的联系，使企业的人际关系网络四通八达；通过强化员工的沟通能力，使他们从被激励者变为激励者；通过开发人际交流的范式，让员工遵循范式进行交流。最终，使激励像病毒般传播开来。

当每个员工都成为激励者时，个人的风格会极大地丰富激励的内容。在餐饮店的人际关系网络中，每个员工都能感受到四周传染过来的情感激励。这些激励可能是一个认可的眼神，可能是一句真诚的问候，可能是工作上的帮助，也可能是生活上的关心。这些不起眼的激励交织在一起，不断提升着员工的情感体验。最终，让激励效果呈几何级数提升，向周围扩散，影响更多的人。

6.5 用明天激励今天：画饼、画钱、画权

企业是一驾马车，管理者是车夫，员工是马，正是管理者们驾驭着这驾马车不断前行，马车里才会不断地装满财富。为了让马儿跑得快一些，又让马儿少吃草，很多管理者特别是企业老板，会选择用明天激励今天——用未曾实现的愿望、诱惑激励今天的员工去努力。老板会告诉员工：快点跑，前面是一片大草原，有潺潺流水，有绿油油的草儿，到了那里，我会让你们永享清福。

用明天激励今天，通常有三种方式，如图6-4所示：

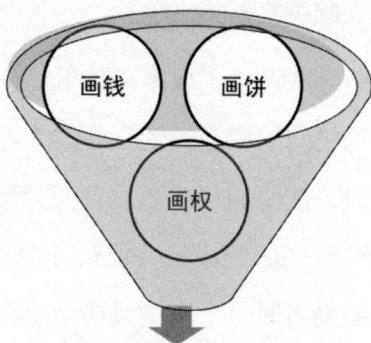

用明天激励今天

图6-4　用明天激励今天的三种手段

画饼

两年走出本省，三年走向全国，五年上市；

你是我的左膀右臂，公司没你就没有今天；

只要你像现在这样努力三年，你就是下一个阿里巴巴的十八罗汉；

新项目前景无限，大家如果能把握这次机会，公司年底全体出行去欧洲旅游不成问题；

……

很多老板都喜欢给员工画饼，尽管画得不够圆，还经常让员工失望、伤心，但他们仍然乐此不疲。因为员工需要激励，需要持续的激励，而企业迫于效益问题，或老板个人原因（比如小气），不能给员工立刻兑现的满足，因此只能靠不断给员工画饼。

曾经有位四十来岁的年轻老板向我吐露：

"老师，我很有信心做好网络营销，但我每次雄心勃勃地跟员工讲，明年要冲刺多少多少业绩，他们一点都不兴奋，反倒觉得我是在画大饼。"

我笑着说："给员工画大饼没有错啊，描述目标和前景，讲述公司使命，这是好事啊！至于他们不相信，那是你的大饼没画好！"

"怎么没画好？"

"因为你没有让员工感觉到这个饼他们能吃到，他们怎么会对你画的饼感兴趣呢？"

说到画饼，很多人就会露出坏笑，好像画饼是个贬义词。其实，每个企业家和管理者都要会画饼，它不是贬义词，不是吹牛，不是忽悠，而是向员工描述可实现的梦想，帮员工制定未来可执行的目标和计划。说到底，画饼就是帮员工做目标管理，引导员工实现目标、达成愿望。

那么，怎样画饼才会使员工感兴趣，才会受到激励呢？如图6-5所示：

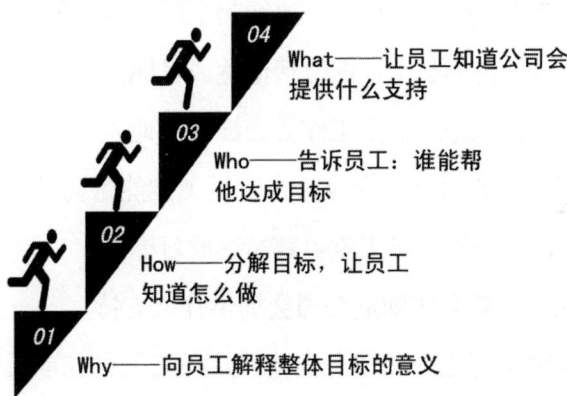

图6-5　给员工画饼的艺术

第1步：Why——向员工解释整体目标的意义

理解目标及其意义，就是解决"为什么"的问题，即告诉员工为什么你们要实现这个目标，实现了这个目标之后你们能得到什么，除了丰厚的物质回报，还能得到什么样的成长。你要把员工的收入放在你的计划中，在员工的年度心愿和他的绩效之间建立联系。对于这样的目标员工就很容易接受了。

员工最关心的是薪资，薪资越高，员工动力越足，尤其是对于基层员工来说。但这就会出现一个问题，你承诺的薪资越高，员工反而越觉得不靠谱、不现实，越觉得你是在忽悠。尤其是当他们认为你设定的目标和承诺的报酬无法实现时。怎样才能化解这个问题呢？请继续往下看。

第 2 步：How——分解目标，让员工知道怎么做

这一步是解决"怎么做"的问题，即在给员工提出目标和实现目标后相应的有什么回报后，告诉员工应该怎样落实这个目标。这需要将目标进行分解，分解到各个部门，再分解到各个员工身上；分解到每个月、每周甚至每天。当目标变得具体、细化时，执行起来就会轻松很多。

第 3 步：Who——告诉员工：谁能帮他达成目标

因为员工是处在团队中，很多工作就会涉及与他人协作的问题。因此，对于需要协作才能完成的目标，你应该告诉员工谁能帮助他，找谁配合，找谁协作。有了配合、协作，员工就更容易达成目标。

第 4 步：What——让员工知道公司会提供什么支持

员工实现目标离不开企业的资源支持。这一点我们在前文中已经讲到过，包括信息增援、物质增援、技术增援、行政增援、战术增援等。有了领导和同事的协助，有了公司资源的支持，员工实现目标就会容易得多。当员工知道目标是可以实现的，实现了目标可以获得较为丰厚的奖励时，他就会充满干劲。

画钱

等公司做大了我给你配台车；

等你通过试用期，公司给你缴纳养老保险；

再过几年，公司给你出首付，让你在北京买套房；

五年后，我们会实现年销售额 5 个亿，到时候全员持股；

……

这些都是画钱，画钱本质上也是画饼，只不过它所承诺的是物质、金钱、福利或待遇以及股权。画钱可以直击员工的兴奋点，最能鼓动人心。如果能兑现，那将大大提升老板的公信力，但若只承诺不兑现，就会失去人心，失去人才。

张老板是做粮油批发生意的，在创业初期曾对最得力的业务员小陈说："如果你能拉来100万的生意，我就给你10万元的奖励。"如此巨额的奖励，让小陈拼了命地工作。三个月下来，他居然做成了300万的生意。

然而，当小陈向张老板索要30万元的奖励时，张老板却说："酒桌上的戏言，你别当真啊！不过呢，你这三个月的表现确实很好，公司决定奖励你3000元！"小陈一怒之下，跳槽到另一家粮油批发公司，也带走了那几个大客户。

很多老板，明知自己不可能兑现承诺，但为了激励人、鼓动人，还是选择夸大承诺。这是画钱时最忌讳的。要知道，员工都不傻，违背客观实际的夸大许诺，不但起不到激励作用，相反还会打击人的积极性，让员工反感。

画权

我准备把你培养成部门经理；

三年内把你培养成公司接班人；

好好干，过几年我退休了，就让你接替我的职位；

……

这就是画权，即在职位、权力方面给员工许诺。画权不同于画钱，画钱大不了兑现，反正只要有钱即可。画权则不同，毕竟公司的职位是有限的，尤其是中高层管理职位。因此，画权太多，最后职位不够，或者有些员工虽然业务能力出众，但不具备管理才能，是不能随随便便提拔的。因此，画权往往很容易成为空口许诺。

那么，老板该如何给员工画钱、画权，才能达到理想的激励效果呢？

1. 只选关键的员工

如果你见个员工就给他画钱、画权，那你所画的钱、权也就不值钱了。这个道理很简单，所谓"物以稀为贵"，本来是好的东西如果太多了，也就会变得不值钱了。常言道："千军易得，一将难求。"对待公司的骨干级员工，应该给予特殊对待，给他们画钱、画权，激励他们为公司做更多的贡献。

对于一般的员工，我到认为没必要动不动就给他们画钱、画权。因为普惠制的激励举措，所起到的激励效果是极其有限的。再者，得到晋升机会的员工毕竟是少数优秀员工，如果你对谁都许诺：过段时间提拔你做主管，请问员工会相信吗？

2. 许诺要明明白白

在给员工画钱、画权时，一定要把握一条原则：许诺的条款要明明白白，不要含糊其辞。因为含糊其辞容易造成歧义，让人误解。人们有一个共性，就是喜欢把话往自己最有利的那一方面去理解。所以，画钱、画权要讲清楚内容，让大家达成一致，以免日后扯皮。

3.该兑现的，一定要兑现

画钱、画权的关键点是兑现，如果你只给员工画钱、画权却不兑现，不出三次，员工就会对你彻底失望。员工不离职，你都是万幸的，更别妄想以后他们还会相信你的许诺。这就像放羊的孩子经常撒谎说："狼来了！"结果，当狼真的来了时，没人会相信他。所以，既然画钱了、画权了，就要设法兑现。兑现了，下一次激励才会收到更好的效果。

4.公开许诺 + 公开兑现

为什么强调公开许诺、公开兑现？因为公开许诺，有利于形成全民监督的效果，让你没办法找借口不去兑现。而公开兑现，不仅能激励获奖的员工，还能鞭策其他没有获奖的员工。这就叫奖励一人，鼓舞一群。大家看到公司里有人获得了丰厚的奖励，他们也会努力工作，争取下次获得奖励。

6.6　游戏化激励三步法：刺激—挑战—奖励

玩过网络游戏的人都知道，游戏可以让你如痴如醉，废寝忘食。没有金钱，没有地位的奖励，却可以让很多人付出比工作更多的投入，到底游戏有什么魔力？其实，游戏的魔力就在于它本身。

所谓玩游戏，玩是重点，它是聚焦游戏本身，通过让玩家自觉地进行一种内在的自我激励，从而让自身活得长久的积极的体验。比如，游戏带来的成就感、自豪感。

其次是好玩，游戏具有强烈的刺激性，能激发我们的挑战欲望，当我们通过了一关又一关时，我们可以升级，可以得到更多的装备，可以在游戏中变得更强大。这就是对游戏玩家最好的奖励。这就是游戏化激励，它有三个显著特点，如图6-6所示：

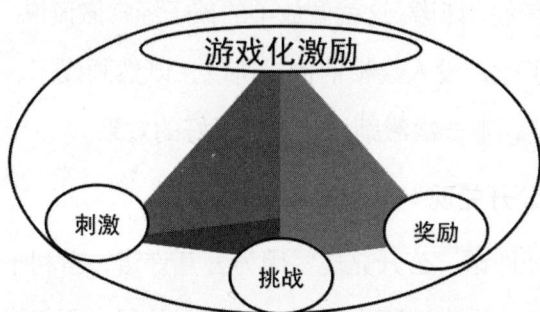

图6-6　游戏化激励的三个特点

其实，我们在激励员工时，也可以参考游戏激励玩家的激励模式。通过给员工刺激，给员工挑战，给员工奖励，最终实现对员工的深层次激励。下面我们以一家全球知名家具企业，其销售团队的绩效管理转型为例，来说明游戏化激励模式是如何操作的。

首先，他们将商业管理问题放入特定的游戏场景中加以解决。比如，他们将销售人员、销售团队的日常客户拜访工作任务，模拟成一个"武林高手"成长的游戏，销售人员拜访客户的频率、成功率，销售团队之间的竞争，团队内部的合作，都将成为模拟"杨过"，一步步成长为武林高手的过程。然后，通过大量严谨的分析和演算，建立起科学的积分、等级、勋章和挑战等一整套公平有趣的游戏机制。

我们再来以湖北某大型民营企业为例，他们通过游戏化激励模式，把无聊的工作变成了人人都抢着去做的工作。我们知道，打客户电话、拜访客户是很无聊的，可是在该企业，通过一种全新的游戏化的管理方法，把这个简单乏味的工作变得趣味盎然、惊险刺激。

业务人员每打一个电话，公司就会给他们一定的积分奖励。每个业务员都可以在公司的网站上查询到自己的积分数，每天排名第一的都会得到奖励，每个月排名第一的也有奖励。这大大提高了业务员的工作积极性，销售业绩由此大幅度提升。

玩游戏是人类的天性。管理者不妨利用游戏的逻辑或机制来激发员工的积极性，改变其行为方式。通过奖分和扣分来鼓励员工好的行为习惯，约束员工不好的习惯，从而促进企业快速形成良好的企业文化。相比于其他的激励方式，游戏化的激励模式能让员工快速尝到甜头，即只要是好的行为，立刻就能获得认可和奖励。

除了频繁给予奖励之外，游戏化的激励模式还涉及不断累积，不断升级，让员工最后获得更多的奖励。这就像玩游戏，不断地升级，不断地闯关，最后获得了更多的游戏装备和能力。而不断晋级本身就又是一种奖励，所以，怎能不叫员工心动？

那么，如何把无聊的工作设计成游戏，让员工在游戏化激励模式下，充满激情地工作呢？

第1步：给无聊的工作赋予长远的意义

人生中三分之一的时间是在工作，工作是为了什么？有人为了金钱，有人为了地位，有人则是为了养家糊口混日子。但这些是短视的，从长远来看，你工作是为了实现自己的人生价值，是为了自我成长，为了获得更大的发展空间。一旦这个长期目标实现了，金钱、地位就会随之而来。如果能让员工想明白这些，哪怕是很平凡的工作，也会变得很有意义。所以，管理者要想办法引导员工从长远的角度来看待工作。

第2步：帮助员工设定明确的工作目标

成功是属于有计划的人的。一个三五年的计划很有必要，但又显得没有那么必要。因为很多长期计划，最后往往草草收场，未能实现。因此，明智的做法是把长期计划分解为具体明确的目标，从大到小一步步分解，再从小到大一点点地行动、实现。

比如，员工计划实现500万的年销售目标，由此可获得相应的提成、年终奖。那么，你就可以帮他把这个目标分解开来：年销售目标500万，平均每月要完成41.7万的销售目标，每周要完成十万左右的销售目标。然后引导员工思考，怎样做才能每周实现10万元的销售目标，跟员工分享一些经验和营销方法，给员工提供相应支持，鼓励员工行动起来。

第3步：为员工设定成长规则并实时反馈

有了明确的目标和计划，如何才能坚持下去呢？这需要做到两点：

（1）根据工作中要用到的能力，设定一套有趣的规则

比如，工作中要用到沟通能力、专业能力、组织能力、合作能力。那么，就要对这些能力进行细化，比如，沟通能力分为书面沟通能力、口头沟通能力。书面沟通能力又分为邮件、短信、公文等各方面的能力。规则就是完成有效的沟通，可以给予员工一定的积分。然后定义什么是有效沟通，再将员工每个月的积分进行排名，并制定相应的奖励。

（2）实时反馈，让员工看到自己每天都在成长

当员工不能和长期目标建立联系时，他就很容易忘记初始目标。因此，实时的、可视化的反馈，是不可或缺的。这种反馈能激励员工每天把自己的短期目标和长远目标联系起来，看到自己升级和成长的进度，从而获得成就感。而每完成一个任务，每做一件好事，就可以得到一定的积分，就是公司在给员工实时反馈，这样能够很好地激励员工保持工作激情。

第七章

促动：高尚的竞争是增强团队活力的无形按钮

对于一个团队来说，有竞争才会有压力，有压力员工才会有动力，员工有动力企业才会有活力。怎样才能让团队有压力，让员工有动力，让企业有活力呢？很简单，只需引入良性竞争机制，培养员工的竞争意识，有效地激励员工追求进步。这是带好团队的艺术，也是企业取得成功的关键。

7.1 好马不是养出来的，而是赛出来的

什么样的员工才是优秀人才，正如什么样的马才是好马。以往我们总是靠伯乐相马，但伯乐相马弊端颇多。首先，马多伯乐少，伯乐忙不过来；其次，只靠伯乐个人素质来判断难免有看走眼的时候；再者，马也可能欺骗伯乐。因此，用"相马"的机制评估人才，有很多局限性。

即便人才通过了相马机制，得到了伯乐的高度认可，也不意味着万事大吉。要知道，好马不是养出来的，而是赛出来的。只有经得住实践的考验，经得住团队内部和公司外部竞争的考验。在竞赛中摸爬滚打出来的员工，才是最靠得住的人才。

竞赛不仅是人才成长的加速器，而且是一种择优汰劣的机制。通过公平公正的竞赛，可以有效地筛选人才，发现人才中的杰出者，使被埋没、被忽视的人才脱颖而出。那么，通过什么样的竞争才能让人才脱颖而出，让人才越来越优秀呢？如图 7-1 所示：

图7-1　让人才猜脱颖而出的竞赛法

1. 专业考试

通过针对员工专业技能、专业知识的考试竞赛，可以让具备专业知识、专业技能的员工脱颖而出。比如，针对生产部门，可以定期进行一些生产技能的考试，既能发现专业知识过硬的员工，也能发现生产技能不足的员工，从而促进员工及时加强学习。

再比如，企业内部实行竞争上岗制时，对于竞聘者可以组织与岗位职能相关的专业考试，让竞聘者提前加强与岗位有关的知识学习、技能学习。这样管理者可以通过竞聘者的考试成绩来评估人才的潜能，以便作出最英明的任命决定。

2. 实绩考评

在实际工作中，管理者要定期对各部门员工的绩效进行科学的考评，以便鉴别优劣，挑选人才。把考评实绩作为检验人才的标准，是发现人才的有效方法之一。绩效考评一般半年或一年进行一次，考评的结果直接与薪酬等级和职位调整挂钩。通过定期对员工在工作绩效、工作态度和履行责任情况等方面进行严格考察，坚持以工作实绩为依据，实现"优秀者上，称职者留，平庸者免，有过者撤"的用人机制，使企业人才实现良性换血。

在著名的海尔集团，任何部门的下属都要扮演"销售"的角色，而这种销售的成绩直接关系到大家的薪水。比如，员工策划出一个营销方案，那么他必须先将营销方案推销给市场部，推销成功了，才算策划完成。市场部同样要把拿来的策划方案加以完善，推销给一线员工，直到最终被落实。

事实证明，在这种比较"狠"的竞争机制下，不仅迫使员工工作更加努力积极，也使员工产生了很多好的创意，为公司创造了很好的业绩，更逼出了很多人才，让海尔充满活力，变得越来越强大。

3. 竞聘上岗

当公司某个职位出现空缺时，可以优先在内部实行竞聘上岗制，鼓励有能力的员工踊跃报名竞聘。由于大家可以平等参与岗位竞聘，所以这是非常公平的人才选拔模式。在竞聘中，企业组织考官进行评审，经过一系列考核，最终选出最符合特定岗位需要的员工任职。

当然，如果当前某个岗位的任职者表现不佳，管理者也可以把这个岗位拿出来作为竞聘岗位，让大家踊跃竞聘。这样所体现出来的就是"能者上、庸者下"的用人原则，通过竞争激励机制的实施，充分调动全体员工的积极性和创造性，使岗位任职者抱有更强的危机感。

另外，竞聘上岗不是一聘定终身，而是有聘期的，期限到达后，要重新竞聘，从而建立"能者上、庸者下"的长效机制，让员工始终保持高效和活力。在岗位竞争的压力下，谁还会甘居下游呢？

4. 销售竞赛

销售是企业把产品变为利润的关键环节。产品再好，如果销售不出去也是枉然。针对销售部门，企业可以实行销售竞赛制，通过奖金和其他报酬奖励方式激励一线业务人员，实现一个个短期的特定目标，充分调动大家推销的积极性。

某公司的产品在淡季销售不畅，货物堆满了仓库。销售经理在总部统一部署下，组织了一次"大战淡季"的活动，其中针对一线销售人员的促销激励措施规定：每完成1万元的销售额，就可以得到1000元的销售奖金。而且，所有人的销售额还要进行排名，排名前三的还有特别的奖金。在双重奖金的激励下，销售部人人争先，很快就把堆积在仓库的产品推销出去了。

5. 积分排名

实行积分制管理，对于员工在工作中好的行为表现，比如，做了好人好事、提了好的建议、取得了好的业绩，应给予一定的积分奖励。再通过每月积分在企业内部对员工形成一个由高到低的等级排名，并设定相应的奖励。而且，员工的积分总数，还与涨薪、职位晋升相挂钩，从而促成团队内部形成良性竞争，提升员工的激情。

对于那些总积分排名靠后的员工，积分排名能使他们产生强烈的危机意识，使他们明白如果工作不努力、积分排名不提升，就会面临被淘汰的危险。在这种情况下，他们就会自我施加压力，主动寻求进步。

另外，企业还可以设立一些单项奖，如客户满意奖、新产品推广奖、新市场开发奖、创意奖，鼓励员工积极争先、积极创新。让先进员工带动大家，激励一片，促使团队保持激情和活力。

7.2　打破平衡，提升强者，鞭策弱者团队

每一家企业，都像是一潭水。与外部竞争，就像是水的流动。很多企业只有对外竞争，内部却缺少了流水般的活力。对于外部竞争带来的压力，很多员工感受不到，或感受不强烈，因而无法激励员工积极进取。在这种情况下，积极开展内部竞争就很有必要。怎样开展内部竞争呢？我们可以先从开展内部团队之间竞争开始。通过良性的团队竞争，让每个团队都能团结一致，共同进步。

有一家塑胶制造公司的总经理告诉我，他们公司对于车间工人，曾经采取类似于"大锅饭"的固定工资制。结果，大家都不愿意多干活，偶尔碰到订单多的时候，要求大家加班赶货，大家都不愿意，甚至还有人假借生病了请假来逃避。为此，他苦恼不已。

后来，他采取薪酬考核制，变固定工资制为计件工资制，充分体现多劳多得的原则。同时，鼓励公司五条生产线上的五个生产小组展开竞争，哪个小组每月生产的产品多，哪个小组就可以获得一笔丰厚的奖金。而排最后一位的小组，则要受到一定的惩罚。比如，扣除20%绩效奖。

在奖励与惩罚双管齐下的作用下，公司内部出现了令人欣慰的局面。很多员工再也不用催着上班，也不会急着下班。而是很自觉地加班加点，甚至在公司订单多的时候，利用休息时间去工作，生产效率得到大大提高。

通过鼓励团队之间展开竞争，很好地打破了原来公司内部一团死水的局面，这也意味着打破了原有的平衡，让大家不再满足于拿固定工资，从而形成相互赶超，自觉努力的氛围。

其实，每个企业都可以开展团队之间的PK，尤其是对于大型企业的销售部门来说，由于有很多业务小组，因此可以更好地实行业务小组之间的PK。这样可以大大提升各个业务小组的激情，让大家更有目标，更有战斗力。

那么，怎样开展团队PK呢？以下六个步骤值得借鉴，如图7-2所示：

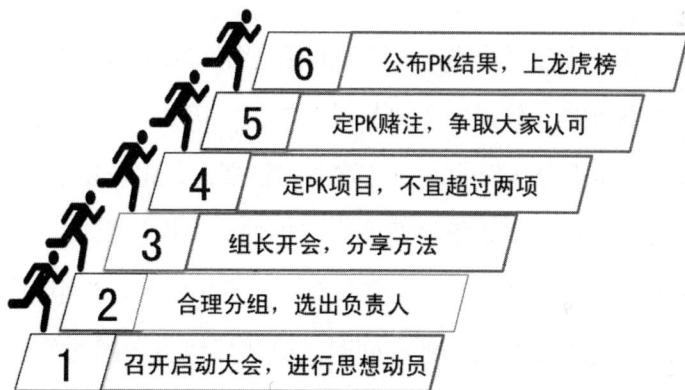

图7-2　开展团队PK的六个步骤

第1步：召开启动大会，进行思想动员

任何机制的导入和执行，第一步都是思想动员。很多公司提出一些好的策略，为什么执行不下去？最大的原因是大家思想认识不够，团队不能达成认同和一致。所以，管理者要让大家明白，为什么要搞PK。PK的理由或作用如下：

（1）提升各团队竞争力，打牢企业生存的根基。

（2）提升各团队业绩，让个人的工资随着团队业绩的提升而增加。

（3）提升个人竞争力，使个人能力在 PK 中迅速得到提升。

如果不搞 PK，有什么坏处呢？显然，会导致团队内部一潭死水，没有活力和激情，员工能力得不到提升，得不到成长，赚不到钱。最终，企业也会失去竞争力。

第 2 步：合理分组，选出负责人

有些企业有很多业务小组或门店，或生产小组，这种情况就不用再分组了，可以忽略这一步。如果企业内部没有这样的分组，那就要合理分组，选出负责人。

分组应该坚持公平的原则，尽可能保证各个小组的总体实力比较均衡。另外，每个小组的人数最好不要超过八个人。因为小组人数太多，不便于管理和协作。而小分队作业，往往效率比较高，又比较易于管理。

选出责任心较强，组织协调能力突出的员工担任组长。组长的职责是在做好本职工作的同时，鼓励大家超额完成工作任务。当组员遇到困难时，要召集大家一起思考解决办法。同时，协调好组员之间的关系，使大家心往一处想，劲往一处使，共同提高团队的工作效率。

第 3 步：组长开会，分享方法

在选出组长后，管理者可以把各组组长召集起来开会，首先要肯定他们的能力和素质，赋予他们责任和权力；其次要分享他们好的带队方法以及处理组员矛盾的方法；另外，每天争取和组长进行一次沟通，及时了解各小组的工作状况和进展。

第 4 步：定 PK 项目，不宜超过两项

每段时间内，管理者都可以定出 PK 项目，比如：业绩、产量、服务质量、产品合格率等。企业哪方面做得不好，就可以有针对性地PK那方面的项目。要注意的是，每次PK的项目最好不要超过两项，因为项目太多，在PK时就不容易作对比。比如，最近一段时间，公司的产量老是跟不上客户的订单需求，那就组织各生产小组开展产量、产品合格率大PK。这样可以激励大家在提升产量的同时，又能保证产品质量。最终，胜出的小组可以获得奖励。

第5步：定PK赌注，争取大家认可

没有赌注的PK就形同儿戏，因此，必须定好赌注。而且赌注最好得到大家的认可，才能激励大家去参与PK。以下三种赌注值得借鉴，既可以单独使用，也可以结合起来使用。

（1）仪式：输家要给赢家行大礼，表示"愿赌服输"。这种赌注适合少数团队之间的PK，比如公司只有两三个团队，这样最后一名向第一名行大礼，表示愿赌服输，效果会更好。这样可以从自尊心上刺激落后者，鞭策其努力。

（2）PK金：每个团队都要出一笔PK金，100元也可以，1000元也行，只要大家同意就可以。另外，公司再出一笔奖金。这笔奖金应该占总奖金（公司出的奖金和各团队出的PK金总额）的大部分比例。最后，前三名（具体前几名获奖，视PK团队数量而定）可以获得相应的奖金。当然，如果公司只有两个团队PK，那输家得不到奖金，赢家得到全部奖金。这种赌注形式可以从经济上刺激落后者，鞭策其努力。

（3）劳动：输家为赢家做一次按摩服务，或为赢家洗衣服、刷鞋子、打扫卫生一个星期。如果PK团队较多，那么最后一名为第一名做服务。

第6步：公布PK结果，上龙虎榜

每个周期内的PK结果，都要公布出来，登上企业的龙虎榜。既要张贴在墙上，也要刊登在公司网站上。要让大家都知道 PK 的结果，让赢家受到激励，再接再厉。让输家知耻而后勇。

7.3　用新人刺激旧人，用新血替换旧血

挪威人喜欢吃沙丁鱼，尤其是活的沙丁鱼。正因如此，市场上活的沙丁鱼非常抢手，售价很高。可是，要想把沙丁鱼活着带回渔港并不是件容易的事。因为大部分沙丁鱼在运输途中会因缺氧窒息而死。但有个渔民却做到了，他每次都能把捕获的沙丁鱼活着带回来。他是怎么做到的呢？

一开始，这位渔民不肯透露自己的秘诀。他死后，他儿子才把秘诀告诉大家。原来，他父亲每次都会在装满沙丁鱼的鱼槽里放几条鲶鱼。鲶鱼主要以小鱼为食物，进入鱼槽后，由于环境陌生，鲶鱼四处游动。沙丁鱼见到鲶鱼，就会加速游动，四处躲避。就这样，沙丁鱼缺氧的问题就迎刃而解了。这就是著名的"鲶鱼效应"。

很多时候，企业的员工就像沙丁鱼，长期在安逸的环境中容易失去奋斗的动力，导致"缺氧"，最后"死亡"。但是安逸的环境中有了"鲶鱼"之后，他们会刺激"沙丁鱼"，激起"沙丁鱼"的危机感，使"沙丁鱼"重新焕发生机。

日本著名的本田公司就很好地利用了鲶鱼效应，向企业输入新鲜的血液，用新人刺激旧人，给员工制造危机感。当员工有了竞争上的压力，他们自然不甘落后，积极进取，从而使企业充满活力。

本田公司的创始人本田宗一郎曾在考察欧美企业时发现，在任何一家企业里，都有三种类型的人员：第一类是不可或缺的干才干将，大概占公司人数的 20%；第二类是以公司为家的勤恳型人才，这部分人大约占公司人数的 60%；第三类是终日东游西荡，拖企业后腿的"庸才"，这部分人员占公司人数的 20%。

再看看自己的企业，本田宗一郎认为，必须把这部分"庸才"员工的积极性激发出来，否则只有将他们淘汰出局。具体怎样做呢？本田宗一郎从鲶鱼效应中获得启发，大力进行人事改革，他首先从销售团队入手，因为销售部经理的观念保守，缺乏进取精神，严重影响了下属的积极性。所以，他决定引入一条"鲶鱼"，打破销售团队的沉闷气氛。

于是，本田宗一郎把年仅 35 岁的武太郎从松下公司挖了过来，进入本田公司担任销售部经理。武太郎凭借丰富的市场营销经验和过人的学识，以及惊人的毅力和工作热情，很快就赢得了销售部员工的认可，大家在他的带动下，工作热情很好地被激发出来，销售部的活力大增。公司的销售业绩也直线上升，公司在欧美市场的知名度不断提高。

这次引进"鲶鱼"的成功让本田宗一郎尝到了甜头。后来，本田公司每年都会从外部聘请一些精明能干、思维敏捷、三十岁左右的年轻人。有时候，本田公司还会聘请常务董事一级的"大鲶鱼"。这样一来，公司的"沙丁鱼"就有触电般的感觉，大家感受到了压力，也迸发出活力，使得企业效益蒸蒸日上。

新人进入公司，可以打破团队原有的平静气氛，还可以打破原有的岗位平衡，起到刺激旧人的作用。这就像是换血，用新血替代旧血、瘀血，能带给一个人能量和动力。所以，管理者要不断为企业引入新鲜血液，以达到激励团队的目的。具体来说，可以这样做：

1. 引进新技术、新设备……向员工灌输危机意识

引进新技术、新工艺、新设备、新观念，给固步自封的员工上一堂课，让他们看到自己与同行的差距。同时，将一些新的概念灌输给员工，可以有效地唤醒大家的危机感，使大家清醒地认识到企业所面临的竞争压力。

2. 每年不定期招聘一些专业技术强的优秀人才

企业要发展，不能没有优秀的人才。尽管你的企业当前人才能力出众，但也不能停止人才的搜罗。一旦发现优质、有潜力、有活力的人才，应适时招揽过来。一方面可以让其在企业需要的岗位上作出贡献，另一方面，还可以对其他员工起到刺激作用。大家会想：公司又招来了优秀人才，是不是要替换某些岗位人员呢？如果我不努力，那辞退的可能就是我了。这样员工自然会有危机感，从而更加努力。

3. 提拔有能力的新人，以激起老员工的危机感

在很多公司，老员工往往缺乏进取心，躺在功劳簿上自我感觉良好。为了刺激老员工，激起他们的危机感，管理者需要不断聘用有能力的新人，给公司注入新鲜的血液。当新人在工作中有突出的业绩表现时，企业应适时提拔他们，表达对优秀人才的器重。与此同时，企业高层管理者应不断强调和宣传公司任人唯才的用人观，让全体员工特别是老员工明确看到公司的用人态度。这样能向老员工传递危机感，使他们不得不努力。

7.4　危机竞争法，只要在末位就会被淘汰

提到末位淘汰制，相信很多管理者都不会陌生。末位淘汰制，顾名思义就是将工作业绩靠后的员工淘汰掉。作为一种绩效管理和团队激励的策略，末位淘汰制可以给员工传递危机感，使团队始终处于一种激活的状态，从而提高员工的积极性和企业的竞争力，更好地促进企业发展。

末位淘汰制是由通用电气公司前 CEO 杰克·韦尔奇提出来的，他认为：让一个人呆在一个不能成长和进步的环境里是彻头彻尾的假慈悲。如果公司把他淘汰出去，他还有机会去寻找新的契机，如果放任自流，他最终很可能被社会淘汰。

在通用电气公司，他们以业绩为横轴，以组织内达到这种业绩的员工的数量为纵轴，将员工按照业绩分为三类：业绩排在前面的 20% 的员工为第一类，业绩排在中间的 70% 的员工为第二类，业绩排在后面的 10% 的员工为第三类。韦尔奇把这种评估组织内人力资源的方法称为"活力曲线"，这条曲线被认为是给通用电气公司带来无限活力的重要法宝之一。

在国内，华为集团是最早实行末位淘汰制的企业之一。2000 年，华为集团发展达到了巅峰，任正非用一封"华为的冬天"的内部公开信，给华为人敲响了居安思危的警钟。由此，华为拉开了末位淘汰制的序幕。作为这一激励制度的坚定支持者，任正非曾说过："英雄就要被奖励，落后

就要坚决淘汰。"他认为末位淘汰制是永不停止的，只有将末流员工淘汰掉，才能激活整个组织。

2012年，百度李彦宏发了一封"改变，从你我开始"的内部公开信，打着"鼓励狼性、淘汰小资，倡导颠覆自我"的旗号，也拉开了百度的末位淘汰制的序幕。通过每年设置一定的淘汰比例，将处于末位的员工淘汰掉，使团队保持活力。

然而，在很多企业的实际管理中，末位淘汰实施的效果却不太理想，出现了一些令人困惑的现象。比如，有些公司通过员工互评的方式来产生"末位员工"，结果公司里干活越多的人，出错的几率越大；越坚持原则的人，越容易得罪人。最后这类优质员工却惨遭淘汰，而留下的却是平庸无能的老好人。

再比如，有些公司采用360度的评价体系，很多员工为了让同事和领导给自己打高分，想尽办法搞好人际关系，而不是致力于提高业绩。与此同时，大家为了不伤和气，即使同时犯错了也不好意思指出，从而导致错误愈演愈烈，影响整个企业的绩效。

还有就是，末位淘汰制把每一个员工推向了竞争者的位置，使得彼此之间产生了利益冲突。有些人害怕被别人超越，为了自我保护，在人际关系上嫉妒猜忌，在工作中故意拆台，这对团队合作会带来致命的打击。

再者，由于个人绩效的好坏成了考核的重点，员工的心理会产生强烈的不安全感。有些优秀员工甚至会选择跳槽，这对企业会造成严重的损失，增加企业的用人成本。

最严重的是，从法律层面来看，末位淘汰制是不合法的。因为《劳动法》第39、40条明确规定：劳动者严重违反用人单位的规章和制度或者劳动者不能胜任工作、经培训或调整工作岗位仍不能胜任工作的，企业方能援引条款解除合同。

很明显，解除合同的关键是员工不能胜任工作，而末位淘汰的重点在于业绩排名。业绩排名靠后的并不代表就不能胜任工作，只是相对于业绩排名靠前的员工来说，他们的业绩略差一些。因为再优秀的团队，总会有人业绩排名靠后。那么这些优秀的人才也要被淘汰吗？淘汰之后，去了竞争对手公司，很可能会成为本企业的大患。所以说，企业不能随便乱用末位淘汰制，用的时候也不能搞"一刀切"，而要注意以下几点：

1. 思考是否适合实行末位淘汰制

任何一种管理策略或激励手段，都不是解决所有企业的灵丹妙药。考虑到末位淘汰制的弊端，所以，要慎重考虑是否具备使用末位淘汰制的条件和环境。

从企业经营规模上看，小企业一般不适合实行末位淘汰制，因为小企业的人员结构相对比较简单，业务流程也易于执行，易于管理。因此，如果公司人数不多，员工表现也可以，就不应该硬性地找出10%的"最差"员工。

从企业所处的行业竞争激烈程度上来看，一般垄断性行业不会实行末位淘汰制，而竞争性行业实行末位淘汰制的需求会强烈些，这样可以激发员工的竞争欲望，激活整个企业。

从企业文化角度来看，强调团队合作的企业一般不实行末位淘汰制，而崇尚个人英雄主义、个人业绩的企业，则适合采用末位淘汰制。比如，日本很多企业强调团队的技能和合作，较少实行严格意义上的末位淘汰，而是采用内部的岗位轮换和调配。

从企业管理现状上来看，如果企业内部人浮于事，人员过剩，管理没有形成健康有序的机制，那么适合实行末位淘汰制。如果企业的人员精练、人员素质较高、机构简单，具有活力和创造力，强行实施末位淘汰制是不可取的。否则，被淘汰的员工可能比同类公司的优秀员工更有竞争力。这样不仅会造成本企业职位空缺，还等于把优秀人才拱手送给了竞争对手，这不是给自己制造竞争压力吗？

从薪酬福利角度来看，实施末位淘汰制的企业，其薪酬水平应该具有较强的吸引力。试想，如果企业的薪酬福利太差，优秀人才都不愿意来，你还有必要实行末位淘汰制吗？恐怕不等你实施该制度，优秀人才就弃你而去了。

从岗位特点上来看，末位淘汰制更适用于一些低技能要求的岗位。而对专业技能要求高的岗位，则不适合实行末位淘汰制。否则，当你淘汰了一批员工，而很长一段时间又招不到人才，这样必然会影响企业正常的生产和经营。

从工作产出角度来看，末位淘汰制适合于工作产出易于衡量的岗位，比如销售岗位、生产岗位。这些岗位的业绩容易量化，较适合末位淘汰制。而研发岗位、管理岗位、后勤部门由于业绩不易量化，不适合采用末位淘汰制。

2. 积极沟通，营造良性竞争氛围

综合以上几点后，如果企业决定实行末位淘汰制，就要做好相关的准备工作。末位淘汰制是一种强势管理，如果员工竞争意识淡薄，且沟通不畅，那么对大家来说无疑是一场灾难。因此，在实行末位淘汰制之前，管理者要积极沟通，努力降低员工对该制度的抵触情绪。

同时，管理者还要努力营造一种积极向上的良性竞争氛围，鼓励大家奋勇争先，让所有人都清楚企业崇尚什么，反对什么。只有这样，员工才会坦诚地面对自己的缺点，即使被淘汰了，也能无怨无悔、心平气和地离开。

3. 制定科学合理的绩效考核方法

实行末位淘汰制的关键一点是，要有科学合理的绩效考核方法。在绩效考核指标中，不应该只有业绩、财务这类硬指标，还应包括员工对企业价值观的拥护程度，员工的工作态度，员工的学习能力以及潜力的大小等综合性指标。这样的话，才不会导致员工把全部精力聚焦在业绩上，而忽略了个人全面发展。企业才不会陷入盲目追求业绩，而忽视企业文化、人才培养等重要问题的畸形发展怪圈。

4. 分层淘汰，合理安置被淘汰者

在实际操作中，末位淘汰制不能搞"一刀切"，否则基层员工最倒霉。明智的做法是，在企业的各个层次中分别开展末位淘汰制。比如，管理层为一类，销售部门为一类，生产部门为一类，每一类人员进行一次绩效考核和绩效排名，最后将每一类人员中的末位者淘汰。

对于被淘汰的员工，企业应合理安置，而不是一裁了事。否则，会极大地伤害被淘汰员工的自尊心，也会打击那些仍在企业就职的员工的情绪。对于"末位员工"，企业不应该一开始就放弃他们，而应该给他们提供一个缓冲期。在此期间，给他们提供帮助和培训，或给他们一次岗位轮换的机会，也许他们在其他岗位上可以创造更好的业绩呢？只有当确定他们最终达不到相关的岗位需要时，才可将他们辞退。而且辞退时，要严格按照法律程序，给予员工相应的经济补偿。

7.5　不只停滞会死，跑得比他人慢一点也会

在古老的非洲大草原，当太阳冉冉升起时，狮子醒来了。它抖动身上的毛，望着太阳对自己说："今天我要不停地跑，吃掉跑得最慢的羚羊，这样我才不会饿肚子。"

在同一时间，羚羊们醒来了，它们望着升起的太阳对自己说："今天我要不停地跑，绝不能成为跑得最慢的羚羊。这样我才不会被狮子吃掉。"

于是，每天的大草原上，都会上演这样一幕：狮子在不停地追击，羚羊们不停地奔跑。最终，跑得最慢的一只或几只羚羊，成了狮子的猎物。这就是自然界中的生存法则，不只是停滞不前会灭亡、会被淘汰，跑得比别人慢一点也会被淘汰。

身为管理者，要把"物竞天择，适者生存"的意识传达给员工，让员工明白：既不能停滞不前，也不能自甘落后于人。而应该积极争先，努力成为能力更强、水平更高、业绩更好的人。那么，怎样才能让员工跑得更快一点呢？

1. 给员工一只不断叮咬他的马蝇

美国总统林肯年少时，有一次和他的兄弟在老家的一个农场里犁地。林肯吆喝马，他兄弟扶犁，可那匹马很懒，走得慢慢腾腾，时不时还停下来，兄弟俩被搞得精疲力尽。可是有段时间，马走得飞快，林肯感到奇怪，

低头细看，发现一只很大的马蝇叮咬在马身上。于是，他把马蝇打掉了。兄弟见状，就抱怨说："哎呀，你为什么要打掉它，正是那家伙使马跑起来的嘛！"

再懒惰的马，只要身上有马蝇叮咬，它也会精神抖擞，飞快奔跑。这就是有名的"马蝇效应"。在团队管理中，马蝇效应不失为一项高明的激励手段。

一个部门或一个团队，如果缺少"马蝇"的叮咬，往往就没有危机感，没有激情和战斗力。那么，团队或员工需要什么样的"马蝇"来叮咬呢？事实证明，给员工找个竞争对手，往往能激发出员工的斗志，使员工保持旺盛的势头，加速前进。

1860 年大选结束后的几个星期，大银行家巴恩看见参议员蔡思从林肯的办公室走出来，就对林肯说："你千万别让此人入选你的内阁。"

林肯问："你为什么这样说？"

"因为蔡思认为自己比你伟大得多。"

"你还知道谁认为自己比我伟大吗？"

巴恩疑惑地说："不知道，可是你为什么这样问？"

"因为我要把他们全部收入我的内阁。"林肯说道。

事实证明，巴恩的看法是正确的，蔡思确实是个十分狂妄的家伙，但他也是个有能力的人。林肯十分器重他，任命他为财政部长，并尽力与他减少摩擦。蔡思在任职期间，狂热地追求最高领导权，而且嫉妒心极重。要知道，他本想入主白宫，却被林肯"挤"下去了；他只好退而求其次，想当国务卿，但林肯却任命了西华德；他只好坐第三把交椅，因而对林肯怀恨在心，激愤难平。

《纽约时报》主编亨利·雷蒙特目睹了蔡思的现状，并搜集了很多资料。

他在拜访林肯时，特地告诉林肯：蔡思正在狂热地上蹿下跳，谋求总统职位。没想到林肯却幽默地跟他讲起了马蝇的故事。最后，他意味深长地说："如果现在有一只叫'总统欲'的马蝇正叮着蔡思先生，那么只要它能使蔡思不停地跑，我就不必去打落它。"

同样，林肯在蔡思这只"马蝇"的叮咬下，也会保持危机感，保持进取的姿态。这就好比在企业中，两名员工都对某个职位虎视眈眈，那么管理者就可以利用两者的竞争关系，让他们互为马蝇"叮咬"对方，激励他们保持进取。

2. 给员工一个跳一跳就够得着的目标

很多人都有过打篮球的经历，投篮命中也较为容易。可是，如果把篮球架做成两层楼那样高，进球就不容易了。反过来，如果篮球架只有一个普通人那么高，进球会轻而易举。正是因为篮球架有一个跳一跳就能够得着的高度，才使得篮球成为一项世界性的大运动。

篮球架的例子告诉我们，一个跳一跳就能够得着的目标是最有吸引力的。对于这样的目标，人们才会以高度的热情去追求。因此，管理者如果想调动员工的积极性，不妨给他们设定一个跳一跳就够得着的目标。

跳一跳就够得着的目标，既能够给人带来挑战性，又能让人有机会体验到成功。它既不会像难度太大的目标那样，让人觉得高不可攀而失望弃放，也不会像难度太低的目标那样，让人觉得唾手可得而怠慢。有了这个目标，员工将会自我驱动地跑起来，跑得比以往更快，而不会停滞不前。

我有一位朋友，在山西省某再生资源公司当经理。他刚上任时，接手的是一个烂摊子：企业连年亏损，员工士气低落。上任后，他采取"小步快跑"的策略，给每个分支机构定了一个跳一跳就能够得着的月度目标，然后在全公司开展"月月赛"的内部竞争活动。每到月末，他都会亲自给优胜单位授奖旗、发奖金。同时，给大家下达下个月的任务。

通过这种举措，员工的注意力全都被吸引到月度目标上，没有人再因公司的困境而停滞不前，或抱怨任务太重。半年下来，公司竟然奇迹般地扭亏为盈了。如今，这家公司在山西已经是小有名气的先进企业了。

可见，在管理中，给员工一个跳一跳就够得着的目标，可以有效地激励员工跑起来，跑得比以往更快，越跑越有信心，越跑越有干劲。如果再像我那位朋友一样，促进公司内部公平的竞争，那么员工就会跑得更快了。

7.6 有原则的竞争才是能激发团队的竞争

企业内部竞争是激发团队活力、促进企业发展的有效举措。但竞争也是一把双刃剑，一旦掌握不好原则，就可能给员工带来压力、挫败、恐惧，甚至引发恶性竞争，严重影响内部和谐，最终把企业拖垮。

在很多公司，同事之间争抢客户的案例屡见不鲜，尤其是销售、采购、外贸等岗位，大都会遇到同事之间为了业绩而明争暗抢，甚至撕破脸面、大动干戈。曾听一位做国际贸易的员工说，他进入公司一年多，前后三次被老员工抢了客户。

第一个客户是泰国的，当时他已经跟进了两个多星期，等到客户询问报价的时候，他去找老板给他一个底价。老板说没时间，就让他去找公司的一位老员工指点。当时他也没有多想，就把客户的情况告诉了老员工。

老员工说，底价不是固定的，要看客户的订货量，还假意帮忙跟客户磋商。结果，一个星期了，客户没了音讯。当他再次询问客户进展情况时，客户说已经跟他公司成交了。成交的经办对象就是那位老员工。

这是第一次的情况。第二次他遇到了一位巴西的客户，跟进了一段时间后，那位老员工却私下找到他，叫他别跟进那位客户了，说目前他也在跟进那位客户，那是他的客户。当时他很生气，但考虑到人家是老员工，能力出众，而且深得老板的器重，也就忍了。

第三次的情况跟第二次差不多，他终于忍不住了，跟老板反映情况。没想到，老板居然视而不见。一怒之下，这名员工辞职了，跳槽到另外一家外贸公司，同时也带走了他手中的几名稳定的客户资源。

身为管理者，提倡员工之间保持竞争，相互赶超，这是没有错的。但如果公司没有建立公平竞争的机制，甚至当员工之间出现恶性竞争时视而不见、充耳不闻，那就太愚蠢了。因为管理者如果处理不好员工之间恶性的竞争行为，员工很容易产生怨恨、仇视心理，轻则导致团队氛围不和谐，重则引起内部矛盾乃至报复行为。

当然，最受伤的还是公司，因为团队出现裂痕会影响团队协作，影响团队执行力和业绩。而且一旦优秀员工愤然离职，带走了公司的客户，带走了宝贵的资源，跳槽到竞争对手公司，那么会直接威胁到公司在市场竞争中的地位。所以，有原则的内部竞争才是有效的团队激励举措。

那么，怎样才能让员工做到有原则的竞争呢？

1.建立科学的绩效考评机制

优秀的公司应该是民主的公司，民主的第一层含义是平等。什么叫平等呢？平等不是平局分配，而是按劳分配，即根据员工的业绩来定薪酬。

这就需要公司建立完善的绩效考核机制，而不是根据管理者的好恶来决定员工的薪酬。

为此，公司应该出台相应的绩效考评指标，根据这些指标在岗位中所具有的重要性，确定合理的比例。每个月，针对这些指标进行客观的考核，最终核算出员工的绩效分数，并给员工相应的薪酬。这样员工才会充满激情地对待工作。

2. 经常进行良性竞争的宣传

所谓良性竞争，是以不伤害他人的利益，不伤害团队和公司的利益为前提的公平竞争。管理者应该经常进行良性竞争的宣传，让员工明白大家相互竞争不是你死我活的争斗，不是把对方当成仇敌，而是公平公正的比拼，为的是不甘人后，积极进取，争创佳绩。

当发现员工之间因为争客户、抢订单而发生争执、矛盾时，管理者应积极介入，并公正地调解，理性地说教，切忌视而不见，任由员工争斗下去。

3. 定好竞争规则供大家遵守

没有规矩不成方圆，员工之间良性竞争也需要有一定的竞争规则。因此，管理者在推行内部竞争之初，就要做好恶性竞争的防范工作，并制定针对性的制度和规则。比如，明确规定，相互竞争不能损害公司和其他员工的利益，谁最先触碰这条警戒线，谁就要受到处罚。

美国有一家钢铁厂濒临倒闭，在频繁地更换了几任总经理，花费了巨大的人力物力财力后，大家似乎已经绝望了。员工的士气跌落到低谷，唯一能做的就是等着工厂宣布破产清算，领一笔补偿款回家。

新上任的总经理也没有什么好办法，不过细心的他发现：每次召开员工会议，商量问题解决方案或出台决策时，大家都沉默不语，领导说什么就是什么，会议气氛死气沉沉。因此，他果断地宣布：

"以后召开会议，不分层级，每个人都有平等的发言权。如果谁能提出解决问题的方案，而且没有人能够反驳他，他就是负责这个方案执行的负责人，公司会给他相应的权限和资源去推进，事成之后会给他丰厚的奖励。"

新规定出台后，以往会议上静悄悄的场面不见了，取而代之的是大家的踊跃发言，争相推销自己的方案，同时争相对别人提出的方案进行反驳。有时候大家为了表达不同意见，争得面红耳赤，甚至吹鼻子瞪眼、拍桌子。

但是公司规定，走出会议室之前，必须达成解决问题的共识。而且走出会议室后，所有的争论都要抛之脑后。不管你的方案有没有得到支持，不管你最终有没有竞标成功，都要按照达成的共识去做。如果谁违背了这条规则，谁就会受到处罚，甚至被直接辞退。

半年后，奇迹出现了。这家钢铁厂逐步走出困境，慢慢地起死回生。三年后，居然成为美国最优秀的四大钢铁厂之一。

4. 鼓励员工在竞争中开展合作

在鼓励员工竞争的同时，企业还应大力倡导团队协作。谁能在竞争的同时，积极开展与同事间的合作，企业可以视合作所创造的价值予以相应的奖励。比如，某个员工发现一个客户，凭个人能力难以拿下该客户。于是，他积极寻求老员工的帮忙，二人展开合作，最终拿下客户，为公司签下一笔大订单。那么，对于这种合作行为，企业应该给予重奖。这样可以让员工明白，竞争与合作是不矛盾的，从而激励大家在竞争中团结协作，在团结协作中保持良性竞争。

第八章

内驱：克服惯性，打破僵化，
　　才能打造自驱型团队

　　这个时代已经不缺各式各样的管理工具和激励手段，而亟需要的是自我管理和自我驱动的机制。因为控制带来的只是服从，自我驱动带来的则是主动投入。所以，团队需要内驱，管理者只有设法让员工克服惯性，打破僵化的思维，才能打造自驱型团队。

8.1　自驱动力源：使命、愿景、价值观

每一位管理者都希望员工拥有自我驱动力，能够自觉地做好工作，而不需要别人提醒、督促和检查。可是自驱动力来源于哪里呢？什么东西才能让员工获得源源不断的自我驱动力呢？往大了说，自驱动力源有三个：使命、愿景、价值观，这三者是企业发展的核心之本，也是员工自我驱动的力量之源，如图 8-1 所示：

图8-1　三个自驱动力源

关于使命、愿景、价值观，我们不妨先来看两个故事。

第一个故事是马云讲的。

马云说，他曾在日本街头的一个小店里看到一个店面招牌，上面写着"庆祝本店 152 周年店庆"。他很好奇，心想这家不起眼的店居然有着 152 年的历史。进到店里一看，发现店面不超过二十平方米，店主是一个老头和一个老太太。

马云说："你们这个店有 152 年啊？"

老头说："152 年，我们家的糕点提供给了日本皇宫。"

马云问："你怎么不想搞得大一点？"

老头说："挺好的，我们家几代人下来一直就在这个地方做，我们挺享受的。"

马云又问："那你们家孩子呢？"

老头告诉他，他家孩子在京都大学读书。不过毕业后，也得回来继承家业。

马云说，他当时非常感动，他们过得如此快乐、舒适。

第二个故事是星巴克的创始人舒尔茨分享的。

他说，有一次到伦敦去，游玩了伦敦最贵的一条街，那里非常繁华，是寸土寸金之地。但在街上看到一个很小的门店，是卖奶酪的。在国外，奶酪就像我们日常家用的盐和酱油一样，非常普通，根本不应该在那么贵的地方卖。

舒尔茨感到奇怪，就进店看了看。想看看店主怎么付得起房租，然后看到了一个老头，胡子邋遢，在那一边唱歌一边切奶酪。舒尔茨问："大爷，你这个店收入够交房租吗？"

老头说："你先买我 20 英镑的奶酪，我再告诉你。"

舒尔茨掏钱买了 20 英镑的奶酪，老头对他说："年轻人，你出来我跟你讲讲。"走出店门，老头指着整条街道说："从那头到这头，都是我们家的房子。我们家几代都在这里卖奶酪，如果把这个奶酪店盘出去，让我做其他生意，我又没兴趣，我也不会做其他生意。于是，我就买下很多门面房，你看到的那么多店，都是租的我的门面房。我继续卖我的奶酪，我觉得很快乐。我儿子就在离这里半个小时的农庄做奶酪。只要你热爱，只要你坚持，知道自己什么不能碰，才能做好！"

企业做得大，老板不一定快乐；企业做得小，老板不一定不幸福。经常听到管理者说，要把企业做大做强，但真正想过做大做强是为了什么吗？马云曾说："投资者天天问你，你的商业模式是什么，你的营收、利润是多少？我觉得最大的收入是每天有很多感谢信发到阿里巴巴，感谢我们让他们赚到了钱。虽然我们从他们身上没赚到钱，但是他们从我这里赚到钱了，我觉得这是最有价值的。"

透过这两个故事，我们可以看到自驱动力源来自于哪里？来自于使命，来自于愿景，来自于价值观。接下来，我们就来讲一讲，什么是使命，什么是愿景，什么是价值观？

1. 关于使命

对于企业来说，使命就是企业所承担的社会责任、义务或由自身发展所规定的任务。企业使命是企业形象的一个直接的描述，是生产经营的哲学定位，也是企业的经营观念。使命为企业确定了一个经营的基本指导思想、方向、经营哲学。一个企业要生存下来，一定要有一个坚强的使命。

美国通用电气的前身是爱迪生电灯公司，它的第一个使命是"让天下亮起来"。那时候的电灯泡大概只能亮两三分钟，每个人都希望让灯泡亮二十分钟，招进来的人都认同这个事情。加入这家公司的人都充满了荣耀感，他们工作的使命就是"让世界亮起来"。

迪士尼的使命是"make the world happy（让世界快乐起来）"，他们最早招进来的员工都是开心的人，悲观的人无法进入这家公司。他们的戏剧、电影……所有的东西都是为了让大家开心。

阿里巴巴的使命是"让天下没有难做的生意"。这个使命听起来非常宏大，但真正相信他的人不这么认为。

企业有了使命，招聘的角度就完全不一样，所建设的团队也完全不一样。这在中国叫"物以类聚、人以群分"，即企业拥有怎样的使命，就会吸引怎样的人才，继而大家会做什么样的事情。企业有了大家都认同的使命，大家就会自觉地按照使命的感召去自我驱动。

作为管理者，不要不好意思用使命感激励员工。20世纪60年代，美国宇航局实施了阿波罗计划。实现整个登月计划，美国人只花了8年时间，这在科学发展史上不能不说是个奇迹。要知道，美国人在启动这项计划时，连宇航员都没有出过大气层。所以，后来管理学家和企业家就对阿波罗计划的管理和激励产生了兴趣。

通过研究阿波罗计划的激励举措，管理学家们发现：这些从事该计划的工作者都受到了肯尼迪总统演讲的激发，受到了爱国精神的驱动。在成员访谈中，管理学家发现了一个令人惊讶的事实——他们所有人几乎都没提到"为祖国"、"为总统"等字眼。相反，他们大部分人表达了这样两种观点：

（1）我的同事就是我的邻居，我不愿意因为我的原因让队友死亡。

（2）我的队友都很优秀，和他们共事是一种荣耀。

如此伟大的项目，如此惊人的成功，在追寻使命感激励的动因时，我们却发现自驱动力源是这样简单。其实经营企业，也应该唤醒员工的使命感，尝试用使命感激励员工，哪怕你最终只激励了部分员工，企业也可以取得不凡的成功。

2. 关于愿景

也许使命感太过崇高，让人听起来像是空头支票。也许有些员工不相信你的使命，不认同你的使命，或是不把使命当回事。在这种情况下，你还可以用愿景来激励他们。

所谓愿景，体现的是企业最高管理者对企业未来的设想；是对"我们代表什么""我们希望成为怎样的企业"的持久性回答和承诺。管理大师德鲁克认为，企业经营者要思考三个问题：第一个问题，我们的企业是什么？第二个问题，我们的企业将是什么？第三个问题，我们的企业应该是什么？这三个问题集中起来，体现的就是企业的愿景，它是企业发展方向和战略定位的一种体现。

企业愿景要与使命保持一致，切忌使命向东，愿景向西。愿景还是分阶段性的。阿里巴巴刚成立的时候，当时提出的愿景是做一个80年寿命的企业，成为世界十大网站之一。后来，他们又提出活102年，因为阿里于1999年成立，活102年就可以跨越三个世纪。如今来看，至少成为世界十大网站之一这个愿景是实现了。

如果没有明确的愿景，今天张三来了，你跟着张三去了。明天李四来了，你又跟着李四走了。而且你还能找到很多理由，美其名曰"先活下去再说"，那么企业在成长之路上会被很多诱惑所裹挟，长此以往前面的路将会越走越窄，直至消亡。

3. 关于价值观

当你问员工："我们的使命你认同吗？"他们说认同；当你问员工："我们的愿景好不好？"他们说好。这时你就要跟他们约法三章了，要告诉大家：做事要讲诚信，要把客户放在第一位，要团结协作，要追求卓越的品质。这就是企业的价值观。如果谁不认同企业的价值观，那说明他不是同路人，就不适合留在企业里。

企业的价值观要经常宣传，经常强调，甚至要贴在墙上，不断地提醒员工去照做。企业的价值观还要经常考核，要像考核员工的绩效一样去考核，以检查员工是否做到了。企业的年终奖、晋升应该与价值观挂钩。员工业绩再好，价值观与企业不符，是不能被晋升的。员工热爱公司，行为处事符合公司的价值观，业绩不达标也不行。只有两者都做好了，才符合一整套考核机制，才能有效地激励员工产生自驱力。

8.2 自我驱动来源于自我批判

优秀的企业都有优秀的管理者，优秀的团队都有优秀的领导，他们或许不懂专业知识，但一定懂得敢于承认自己的错误、承担责任。一个不怕因承认错误而失去面子的管理者，其实是在自我批判，这是自我驱动、自我成长很重要的方法。

自我批判之所以如此重要，是因为它能带给企业实实在在的好处，带给个人实实在在的驱动力。

首先，自我批判是经验的总结，是对发展规律的探索。

认识事物是一个实践、认识、再实践、再认识的循环往复的过程，是一个不断自我否定、自我提升的过程。如果没有实践，就不会了解事物的本质，就不会有自我批判。因此，这要求我们深入实践、深入第一线，不断学习，不断反思和总结经验。在这个过程中，慢慢地探索事物的本质。因此，在实践过程中不断自我批判，能够越来越透彻地认识事实，探索企业发展的规律。

其次，自我批判可以优化管理，提升公司核心竞争力。

自我批判不是为了批判而批判，也不是完全自我否定，而是为了发现问题、解决问题、优化管理，提升企业的效率。养成自我批判的习惯，可以唤醒企业全员的责任心和使命感，使大家保持艰苦奋斗的思想，不沉迷于当前的成绩中，保持清醒的头脑，不断改善和优化工作流程，最终提升管理效率，促进公司战略目标的实现。

再者，自我批判是对品德的锤炼，也是对团队的责任体现。

自我批判需要抛开面子，触及灵魂，勇于揭开自己的伤疤，暴露自己的缺点。这需要一种境界和勇气。大家都知道自我批判是为了完善自我，但如果在同事、在上下级面前自我批判，免不了要丢面子，这又会影响自己在加薪、调级、升职时的竞争力。面对形象掉价和机会流失，还能做到勇于自我批判的人才是最值得敬重的。

对于团队来说，员工能够不以个人的利害为决定是非的标准，而是抛开"个人错误"，融入团队之中。这是一种强烈的团队责任，是难能可贵的品质。

著名企业家任正非认为，自我批判是非常重要的素质，对公司的发展很有帮助。华为集团的民主生活有两个主题，那就是批判和自我批判，其中，自我批判的成分更多。在任正非看来，自我批判可以使企业成长，使员工成长。所以，华为的自我批判不是暗地里偷偷摸摸的自我批评，而是要当着全公司许多同事的面进行。

2000年9月1日，华为举行了一场非常特别的颁奖会，奖励目标对象是数千名研发系统的员工。颁奖会上，数百名研发人员被提名，并最终走上了领奖台领奖。可当他们收到"奖品"时，才发现那是华为多年来在产品开发过程中，因大家工作不认真、测试不合格等原因造成的报废品。还有一些"奖品"是人为因素造成的不必要的工作失误，以及维修造成的成本等相关文件。

每个员工领到"奖品"时，都会听到台下响起一片嘘声。当他们下台时，他们觉得很不好意思。但是任正非要求大家把"奖品"带回家，放在客厅最显眼的地方，每天都看，每天都保持警醒。

这次颁奖大会，是华为开展的一次深刻的自我批判。对此，任正非说："只要你有勇气批评自己，就敢于向自己开枪。在不隐瞒产品和管理问题的情况下，我们希望保持行业的先进地位，这样下去就有希望向世界提供服务。"

在华为，每一次自我批判都会真枪实弹地进行，会一针见血地指出问题，会深入地剖析问题。通过一次又一次的自我批判，使大家意识到工作中存在的问题，继而把问题解决在萌芽状态。最终，推动企业健康发展。

那么，我们在自我批判时，要注意什么呢？

1. 明确自我批判的关键点

自我批判不是形式主义，不是哗众取宠，而是真刀真枪地干，要敢于对自己开枪。任正非说："自我批判不是为了批判而批判，也不是为全面否定而批判，而是为优化和建设而批判，总的目标是要提升公司整体的核心竞争力。"这才是自我批判的关键点。

因此，我们在企业中开展自我批判活动时，一定要鼓励大家抛开面子，触及灵魂，勇敢地揭开自己的伤疤，暴露自身的缺点，切不可文过饰非，隐瞒自己的不足。这需要一种境界和勇气。这种境界和勇气需要管理者在日常工作中一点点地培养，既要自我培养，也要重视对员工的培养。

2. 消除"要面子"的心理

在中国，权威人物总是很受欢迎，许多管理者作为企业内的权威代表，即使知道自己犯错了，也不愿意低头认错。这种不敢自我批判的态度和行为，最终会使员工对他们失去信心，从而影响到员工自我驱动力的形成。

关于"面子"问题，任正非有自己的理解，他说："面子是无能者维护自己的盾牌。优秀的儿女，追求的是真理，而不是面子。只有不要脸的人，才会成为成功的人。要脱胎换骨成为真人。"

作为企业管理者，即使你再优秀，你也会遇到做出错误决策而使企业受损的时候。这时如果你觉得自己是领导，抹不开面子承认错误，那不妨想一想领导几万华为人的任正非，那样的大人物都敢于放下面子，你为什么不能？

8.3 扩展自主变革空间，让自我驱动可进可退

我有一个同学，跟我讲了这么一段经历：

她在读 MBA 期间，第一个实习单位是一家咨询公司，接到的第一个项目客户是雪铁龙公司。这家公司想把部分零配件外包给人力成本更低的发展中国家的公司。她作为一个实习生，要做的是找出行业内最好的几家公司，然后逐一地给这些公司的高层打电话，说明这个外包想法，并考察对方的资质。只要对方通过考察，就可以给雪铁龙供货了。

找公司不难，找公司的联系方式也不难，难的是让公司前台把电话转给公司高层。要知道，一个陌生人打电话过来，说要找公司里的大人物，还说雪铁龙要找你合作，换作我们是前台，我们也不会轻易相信。

开始的时候，她每天打四五十个电话，但没有一个前台帮她把电话转给公司高层。她很沮丧，就去找上司诉苦，上司却甩给她一句"自己想办法搞定"。她几乎委屈地落泪，心想我这么势单力薄的小实习生，公司又不给我任何资源支持，我怎么能搞定呢？

求助无门的她开始想办法，后来她灵机一动，想到了一招很有创意的通话技巧。接下来当她再给前台打电话时，她会用英语或法语说话，有些前台虽然听不懂，却马上会引起重视。就这样，前台马上给她转接电话到高层那里。接下来的事好办多了，每个公司高层接到她的电话，都会重视

这个合作机会。很快，她就找到了合适的供货商。

当她向上司汇报之后，上司对她说："毕业后，如果我们公司有招聘名额，我第一个会给你打电话。"她问上司为什么，上司说："因为任何一家公司都需要像你这样的自我驱动型人才，一个懂得自主变革、自主创新的人。"

企业也一样，既需要自主变革、自主创新的自我驱动型人才，也需要努力让自己成为自主变革、自主创新的自我驱动型团队。中国著名企业文化与战略专家陈春花说过："一个自我驱动的组织，就是要变革自己，只有变革自己才能成为自我驱动型组织。"可见，自我变革、自我创新是企业成为自我驱动型团队的关键。

那么，怎样实现自我变革、自我创新呢？以下三个步骤可以作为参考，如图8-2所示：

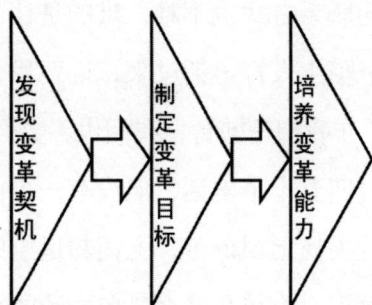

图8-2　自主变革的三个步骤

第1步：发现变革契机

企业所有的变革原动力都是为追求价值，它包含两个目的——提升效率和投资新增长机会。但很多变革偏离了轨道，没有取得理想的效果，原因往往是只关注了其中一个目的。比如，偏重于效率的提升、业务重组，却忽视了投资新增长机会（也可能是企业对新增长机会的投资失去了控制）。

著名的玩具制造商乐高，曾在2000年尝试通过大规模创新实现变革。他们进行了大量实验，但很多实验项目都是随意进行的，并且疏于管理。结果，这些创新在之后几年把乐高推向了破产的边缘。

面对这种危机，乐高调整了战略，使得财务恢复了稳定。随后，又在2006年开始了第二次变革。最终，在2014年实现了对美国两大玩具巨头孩之宝和美泰的超越，成为全球盈利能力最强的玩具公司，利润率高达30%。

为什么这两次变革所取得的效果截然不同？原因很简单，乐高的第二次变革兼顾了成长和纪律，走得比较稳健。比如，他们成立了跨部门委员会，负责投资和监督创新活动并进行战略统筹，以确保创新始终围绕主流趋势展开。

这就告诉我们，在寻求效益增长时，要注意通过治理、绩效指标等控制手段保持纪律性，这有利于公司在选择新的方向后走得更加稳健。假如没有这类控制手段，企业可能会变得盲目，继而失去方向，最后走向失败。

第2步：制定变革目标

当业绩发生滑坡或增长新机会出现时，就意味着企业要做出改变。但企业管理层该如何决定变革的方向呢？这就涉及第二步——制定变革目标。通常来说，企业在变革时都会围绕以下五个基本目标进行，内容如下：

（1）参与全球竞争，扩大市场，使企业在创新、人才流动、管理等方面更加国际化。

（2）聚焦客户，了解客户需求，为客户提供更优质的产品、体验和解决方案。

（3）提升反应能力，加快流程速度，简化工作方式，使企业在战略、运营上更敏捷。

（4）实现创新，从企业内外吸收新鲜观点和方法，使企业获得更多利润增长的机会。

（5）实现可持续发展，比如在战略和执行上更注重环境保护和社会责任。

斯道拉恩索集团是中国纸业巨头，它在面对纸张需求大幅下降、数字化产业兴起这一变化时，及时设定了变革目标，调整了业务重心。高管团队在权衡各种方案后，得出判断：追求敏捷、全球扩张、聚焦于客户这些变革，都无法增加公司的市场份额。

于是，他们将目标设定为"实现可持续发展"。通过研究创新，开发出绿色产品，为快速增长的电商物流市场提供环保包装等。由此，公司将业务重心转向了可再生和生物材料产品。这个变革目标的设定是非常明智的，大大提升了公司的盈利能力，公司股价也从 2011 年 11 月以来，上涨了 200%。

每个自我变革的目标都有各自的核心任务、推动因素以及阻碍因素，企业在自主变革时一定要结合当前的实际情况，选择最适合的变革目标，切勿五个目标一把抓，不分主次，没有重点。要知道，什么都想要，往往什么都得不到。

第 3 步：培养变革能力

想要成功实现变革，企业必须培养能够推动变革的管理者和优秀人才。

要知道，再好的变革时机和再切合实际的变革目标，都是靠人来实现的。假如团队不具备变革能力，一切都是徒劳。持久的变革更是要求团队具备超强的变革能力。

再次以纸业巨头斯道拉恩索为例。2014年，公司CEO约科·卡维宁意识到，公司高管层是清一色的北欧人，又都是行业里的"老油条"，这将决定公司未来难以探索出新的增长机会。对此，他果断成立了一个名为"探索者"的领导团队，由十几名来自不同部门的管理者组成，任务是打破部门壁垒，发现可持续增长的机会，继而打破公司固有的经营模式。

"探索者"团队的参与者不超过十六人，每年都会更新成员，不断换血。这项计划最初意图主要是想将新鲜视角带入高层决策，但后来却升级为人才项目。因为高管们从这个团队中，能够发现并培养出优秀的变革推动者，并使他们成为企业内部的管理顾问。

其实，我们也可以借鉴斯道拉恩索的"探索者"项目，在公司里挑选出一些优秀的员工和管理者，让他们致力于发掘企业新的增长机会，同时培养他们的变革能力、创新能力，使他们更好地推动企业成长为自我驱动型的团队。

8.4 小团队化作业，最大化激发自驱力

提到张小龙，或许很多人不知道他是谁，因为这是一个很普通的名字。但提到微信，估计无人不知，无人不晓。张小龙是腾讯公司高级副总裁，

是微信的创始人。他不仅创造了微信，还说了一句很有名的话，那就是："大团队大平庸，小团队高效率。"为什么大团队大平庸？因为冗长烦琐的决策流程会降低创造力；为什么小团队高效率？因为精简的人员架构会提高大家的反应速度。

企业管理者经常强调团队协作，但这并不意味着团队人数越多越好。实际上，小团队作业的效率普遍高于大团队作业的效率。这就是为什么当我听到"让更多人解决问题是影响效率最普遍的方式之一"时，被强烈地震惊到了。

要知道，随着团队人员的增加，各种意想不到的问题也会纷纷冒出来。在这样的团队，个人表现会逐渐减色，单个成员在项目中的参与度也会降低。尽管大型团队内部协作可以完成更多工作，但若是把大型团队拆分成若干个小团队，各个小团队完成的工作量会远远超过大团队所完成的工作量。

以芬兰游戏公司 Supercell 为例，该公司只有近一百名员工，而且这一百名员工被分成了很多小团队，他们平均每天可以创造高达 250 万美元的盈利。这家公司人气最高、营收最高的两款游戏，都是由仅有五六名成员组成的小团队在不到六个月的时间内开发完成的。

还有韩都衣舍，也是将小团队作业的策略完美落地的代表。他们原来有设计部、电商部和生产部，当产品销量不好的时候，各部门会相互推诿责任，谁都不愿意承认是自己的责任。后来他们把三个部门去中心化了，把所有的团队分解为小团队，每个小团队都有一名设计师和两名店小二。然后，公司给每个小团队一些启动资金，让他们自己设计产品，自己完成销售。

哪个小团队的产品卖得好，公司会给它一定比例的奖金。哪个小团队的产品卖得不好，那么公司还会再给它一次机会，再不行的话就要解散掉。这样每个小团队都是在为自己打工，同时又组合在一起为公司服务，这是一种被称为"激励相融"的组织结构，它可以大大增强员工的自驱能力。

著名的管理大师德鲁克曾说："管理的本质是为了提高效率，而管理的最高境界是不用管理。"要达到这个境界，管理者就得学会激发员工进行自我管理、自我驱动。而小团队作业的经营模式，恰恰是最大限度的"不管"，也是最大限度地让小团队发挥自主权，自行决策、自行执行。

那么，怎样实现小团队作业呢?

1. 根据员工的特点，合理组合小团队

管理者在组合小团队时，要充分了解员工的优势和缺点，根据员工的特点，合理地组合搭配。这样才能让每个小团队内的成员形成优势互补，产生"1+1 > 2"的合作效应。

除了根据员工的优缺点进行人员合理搭配，还可以根据员工的年龄、性别、知识储备、性格特点等来组合成小团队。所谓"老少相配，经验传递""男女搭配，干活不累"，这些都充分说明了合理搭配所产生的积极效果。

2. 高效的小团队只拥有 6~7 名成员

哈佛心理学家 J. Richard Hackman 曾表示，"大型团队一般不靠谱，最终只是浪费个人时间罢了。"他认为，绩效并非与团队人数相关，而是着眼于当团队成员增加时，人们彼此间千丝万缕的联系。每当有新成员加入，团队的整体协调成本就会增加，因为管理就是要解决成员之间的联系。

虽然团队每增加一名成员，团队的整体工作效率确实会提高，但增长率却越来越低。因为要让团队中的每个成员都知晓工作内容，协调整合所

有人的工作进度，需要付出大量的时间和精力，这其中还可能产生滚雪球效应，造成信息在传达过程中被延误以及失真。

那么，究竟多少人的小团队，才是最高效的小团队呢？其实这个数字并不固定，但通常来说最合理的人数在 4~9 人，而最高效的小团队往往只拥有六七名成员。当然，这都不是绝对的，但可以确认的是，如果想让团队保持高效，最好别让团队人数超过两位数。

3. 明确工作任务界限、合作方式和规则

当小团队成立后，彼此之间一定要明确工作任务界限，不能有了活，谁有空就由谁去做。否则时间一长，团队成员就会对自己的定位感到模糊，也就感觉不到自己的价值，这会严重制约成员发挥自我驱动力。而且由于没有合理分工合作，团队之间的合作效应也难以发挥出来。

所以，小团队作业必须有明确的职责和工作内容划分，彼此还要明确合作方式和规则。要让每一个成员都觉得自己在团队里是独一无二的存在，有很强的存在感和价值感，再给他分配工作时，他才会以此为荣、全力以赴。

4. 把控时间节点，给予最大的创新空间

在小团队成立之后，企业高层在明确了小团队作业的规则后，应该给各个小团队充分的自主权，鼓励他们发挥自己的经验，根据行业的实情，尽可能地去创新。还可以鼓励各个小团队之间开展良性竞争，激发整个团队的积极性。

同时，高层也要把控时间节点，间隔一段时间，就跟进一下各个团队的工作进度，召集各个团队的负责人开会，听取大家的问题反馈，及时发现小团队作业过程中的问题，并提供资源支持，帮忙解决，为小团队作业铺平道路。

8.5　以用户需求为导向进行自主变革

作为企业管理者，对于"以用户的需求为导向"这样的口号再熟悉不过。为什么要以用户的需求为导向，而不是以客户的需求为导向，或以企业的设计理念为导向呢？答案非常简单，因为我们的产品、服务、解决方案最终是要卖给用户的，假如满足不了用户的需求，用户不会买账，客户（经销商、合作商）自然也不会买账。

可是，用户的需求是不断变化的，这种变化恰恰是驱动企业自主变革和创新的重要外部动力。总结来说，用户需求的变化主要体现在以下几点，如图 8-3 所示：

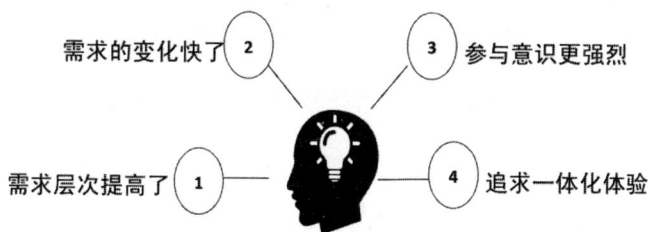

图8-3　用户需求的四个变化

（1）需求层次提高了

中国的消费市场已经逐步从粗放型转向高品质型，用户对产品的品质要求越来越高。这要求企业必须思考如何为用户提供高品质的产品、服务和解决方案。企业要想提高技术创新在产品中的附加价值，就需要团队更具创新的活力，让团队变成创新型团队。

（2）需求的变化快了

与以往任何时期相比，如今的用户需求变化速度更快，需求也越来越多样化。这要求企业变得更轻、更简单、更高效，才能够快速地响应用户的需求变化。

（3）参与意识更强烈

用户的主权意识崛起，加上互联网时代信息的对称和沟通的快捷，使得用户参与企业创造过程的意愿比任何时期都更强烈。这对企业的边界提出了新的挑战。比如，某网络公司就曾提出组织无边界的概念，他们说管理者和员工、员工和客户、企业和客户之间是没有边界的。再看小米手机，为什么能靠粉丝经济蓬勃发展，就是因为它打破了组织边界，打破了原来封闭的生产和创新模式，让粉丝参与到产品创新和设计中来。

（4）追求一体化体验

用户对产品、服务和解决方案的要求不再是碎片化的，而是一体化的。现在很多企业之所以提出组织生态化，提出开放融合、跨界等概念，是因为只有跨界，只有开放融合，才能够整合企业内外部的资源和力量，为用户提供一体化的价值体验。

对于企业来说，明智的做法是跟随用户变化的需求积极变革和创新，致力于不断满足用户的需求。比如，全球最大的听力解决方案供应商——瑞士 Sonova 集团，就一直秉承以用户需求为导向的创新思维。其旗下的子公司峰力公司，针对中国市场推出的定制经济型助听器——桑巴梦和探戈梦助听器，很好地满足了中国市场用户的特殊需求。

这两款助听器最为显著的特点是，具有噪音阻挡以及独创的中文语言处理功能。当初设计这两款助听器时，来自瑞士和中国地区的听力专家、技术专家、交互软件的设计师，以及工程专家组成的团队，经过两年的走访、调查和访问，才了解和掌握了用户的需求。

在经过反复的测试后，研发人员最终根据中国街道等公共场所的噪声水平，设计出具有噪音净化功能的助听器，让用户使用效果更为舒服。产品问世后，受到了中国市场用户的广泛好评，一时掀起了抢购热潮。

在以用户需求为导向进行自主变革和创新时，我们需要注意这样几点：

1. 不仅要追求外观好看，还应重视如何运作

一般来说，创新思维分为三个层面，这三个层面共同构成了创新思维的金字塔，如图 8-4 所示：

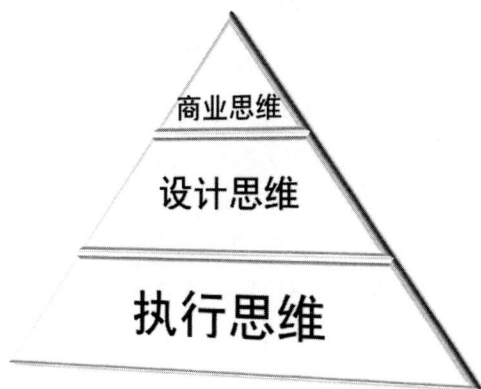

图8-4　创新的三种思维

（1）执行思维——画图，搞艺术或遵循规范；

（2）设计思维——追求好看、实用，解决问题；

（3）商业思维——为用户和公司创造经济收益。

在创新时，我们最应该保持哪种思维呢？很显然，首先要保持商业思维，其次才是设计思维，应该摒弃执行思维。正如乔布斯曾经说过的那样："设计不仅是外形和感觉，设计关乎如何运作。"

这就是说，企业在创新产品时不能局限于外观好看，追求外观好看只是创新者应具备的基本功，真正成功的创新应该紧盯着商品化的设计，换言之就是以商业思维去创新，努力为企业带来市场份额和盈利。

以 Google、Yahoo 等互联网产品为例，他们的产品在界面或外观上，并不是最具美感的。但其运作方式和行销手段等，却是最成功的。最终，为公司带来了市场份额和盈利，这才是最成功的创新。

2. 重视用户的体验，满足用户的实际需求

微软必应搜索引擎和"微软小冰"（一款智能机器人聊天软件）问世至今，赢得了用户的广泛好评。从他们的创新中，我们可以得到启示：创新要从用户的体验和需求出发，敢于追求和同类型产品的不同，另辟蹊径去尝试。这一点在全球最大的非专利农作物保护企业，始终以创新为灵魂的安道麦公司也有着经典的表现。

在安道麦的液态种子处理剂 Sombrero 问世前，农户必须在每公顷耕地上施用 10 公斤的颗粒农药。但有了 Sombrero 之后，农民只需用 10 升水去稀释 350 毫升药剂，再播撒到 10 公顷的耕地上。这大大方便了播撒，提高了工作效率。

但创新仍在继续。由于 Sombrero 可以和很多液态农资产品相溶，施用方法十分便捷，安道麦又提出了第二个创意——将更多的药物成分加入进来，让农户能够同一时间完成作物种植的三大步骤：播种、施肥和施药。在此背景下，安道麦的玉米种子"保护"剂问世了，并在市场上大获成功。

通过这个例子，我们可以看到：当企业真正把用户的体验和实际需求放在第一位时，所创新的产品能够给用户带来最好的体验，能够满足用户的实际需求。那么企业必将得到用户忠心的回报。

8.6　多少自我驱动死在繁复流程上

世界上的路有两条，一条是把简单的事情复杂化，另外一条是把复杂的事情简单化。在打造自我驱动型团队时，应该走哪一条路呢？恐怕大家都会异口同声地说："当然是把复杂的事情简单化！"但在实际工作中，很多驱动型团队往往死在复杂的流程上，他们会不知不觉地把简单的事情复杂化。

某国际知名高材生在取得微软认证系统管理员证书后，变得雄心勃勃。走上工作岗位后，他发现公司的网络规划很不规范。在局域网内部各种共享文件满天飞，不但威胁这些文件的安全性，还很容易藏匿病毒、木马。于是，他决心优化这个网络。

他在网络中采取搭建域环境，利用域控制器来管理这些共享资源和网络中的各个 PC。他花了几个月时间，在硬件方面投入了不少，最终成功部署了网络域环境。可是实际使用效果却没有想象中那么好。

很多人抱怨，公司根本不需要这么复杂的规划，只需要实现联网即可。什么数据安全之类的问题，对他们并不会构成威胁，他们只要保证电脑不被病毒光顾即可。而这只需要一个企业级病毒防火墙就可以解决，不需要劳民伤财地搞个域环境。

另外一个例子是，某石材公司老板在管理过程中发现，随着公司产品定价流程越来越完备，员工的积极性却越来越差，并且市场份额也在下滑。该定价流程规定，当员工报价后，客户提出价格异议时，要第一时间将客户的异议反馈给公司，由公司主管考虑调价，再把调整的价格反馈给客户。如此反复，直到最终与客户在价格上达成一致。

对于这个定价流程，很多员工表示太复杂了，来回讨价还价太耗费时间和精力。无奈之际，公司老板想到了利用客户的力量。他决定采取"减免付款"的方式激发团队的潜能，将竞争能力提升到新的水平。

"减免付款"方式就是授权给客户，让他们根据自己满意的程度决定是否付款，以及付款多少。企业不与客户讨价还价，客户只需填写一张简单的表格，说明是否付款的原因，以及付款多少的原因，没有任何附带条件。

通过"减免付款"策略，公司很好地了解到客户的需求和不满，企业也将自己赤裸裸地暴露在市场竞争的风雨之中。最终，公司的全体员工对客户的需求始终保持着最高程度的重视，并努力去满足客户需求。

在这样的背景下，企业顺利推行了一系列的变革措施，很好地提升了产品竞争力。令人惊喜的是，公司并没有因为"减免付款"政策的实施而导致产品售价下降。相反，产品售价比市场平均价格高出了6%。

"减免付款"政策的做法，表面上看是简化了定价流程，减少了工作量。实际上是通过外部驱动内部，实现团队的自我变革，自我提升。

万通控股董事长冯仑曾说过："世间万物，伟大只是一种简单，只有真实才不怕简单，复杂的东西特别容易好看，但好看的后面往往是荒唐和陷阱。"任正非也说过类似的话："小企业不要把管理搞得太复杂。如果小企业采用大公司的管理制度和方法论，专家讲得云里雾里，你搞不懂。你就是真心诚意地磨好豆腐，豆腐做得好，一定是能卖出去的。只要真心诚意去对客户，改进质量，一定会有机会。不要把管理搞得太复杂。"

复杂的流程一般没有好结果，华为每年都会耗费上亿美金，向世界先进的企业学管理，就是为了解决华为体量过大后自然产生的复杂问题和复杂流程。而对于中小企业以及小团队来说，简单高效本身就是一种优势。如果你非要去学大公司的一套套流程来彰显高大上，岂不是自废武功，成为别人眼里的笑话。

那么，如何精简流程，让自我驱动变得简单高效呢？

1. 把流程中多余的环节删除掉

去除流程中多余的环节，让工作流程的各个环节得到精简，是优化工作程序、提高工作效率的必然之举。这就需要做好以下两方面的工作：

（1）发现流程中缺少价值的环节

全面审视整个流程的各个环节，找出缺少价值，可有可无的环节。流程中什么环节是可有可无的呢？有一个很好判断的标准，即当你把某个环节删除之后，并不影响工作效果。

（2）把缺少价值的环节删除掉

当你找出了流程中可有可无的环节时，只需要将其删除掉，这样流程就会实现瘦身，变得精简许多。

2. 把相近或相似的环节合并起来

流程内的有些环节虽然价值不大，但又不能删除，这个时候可以考虑将其合并到相近或相似的环节中去。这样一来，两个环节变成一个环节，也是一种优化流程的有效策略。这就是流程优化中的合并同类项。

合并同类项除了合并相似的环节，还可以将上下环节合并起来，交由一位员工去执行。这样可以减少工作交接引起的沟通成本及失误，让工作变得更简化。

3. 将剩余的流程环节合理排序

在删除了可有可无的流程环节，合并了可以合并的同类项和上下环节之后，我们还应对剩余的流程环节进行排序上的思考，看原有的排序是否合理。如果不合理，要调整排序，这样可以最大化地提升流程运转的效率。

要知道，有些流程环节即便得到了最大化的精简，也还有很多环节，如果排序不合理，会造成工作秩序的极大混乱，无形中延长作业时间。因此，管理者必须缕清各环节的逻辑顺序，保证流程中各环节前后、上下关系合理。

第九章

试错：不断犯错，不断修正，不断突破

  企业不可能永远不犯错，而试错是一个主动犯错的过程。通过试错，企业可以知道哪种经营模式适合自己，哪种经营模式不适合。哪种产品能够获得用户的肯定，哪种产品不能。哪种服务能够为企业和用户带来双赢，哪种服务是鸡肋。主动试错，就像是交学费去学习，这是企业不断进步和突破自我的必经之路。

9.1 破除团队的短板就是不断试错

在管理学上，有一个著名的木桶原理。它是由美国心理学家劳伦斯·彼得提出的，该理论认为：一个用多块木板组成的水桶能盛多少水，不是取决于最长的那块木板，而是取决于最短的那一块。

对于一个企业来说，决定其竞争力的往往不是最优秀的方面，而是最差的方面，这就是企业的短板。总结下来，企业常见的短板有这样五个，如图 9-1 所示：

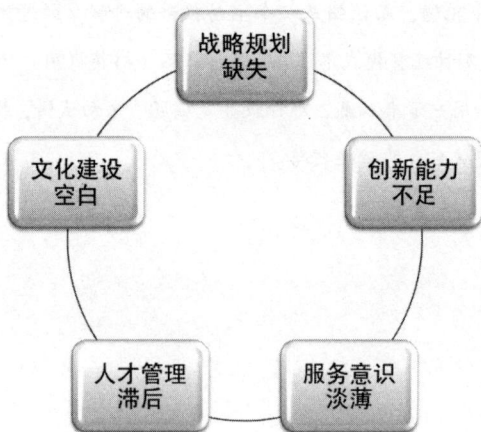

图9-1　企业普遍存在的五个短板

短板 1：战略规划缺失

企业的战略规划就像轮船的航向，没有战略规划，就等于在汪洋的大海中随波逐流。中小企业缺乏战略规划，这是较为普遍的现象。一方面是中国市场经济发育时间较短，中小企业的起点普遍较低，生存成了第一目标，还没有精力去规划未来。另一方面是中国市场经济的发展历程较短，自身内部可供借鉴的模式和经验比较少。

企业缺少了战略规划，会导致企业失去正确的定位、经营思路和发展方向。进一步会导致半路夭折，难以长久地生存下去。所以，中小企业要想获得可持续发展，必须尽快补上这块短板。

短板2：创新能力不足

中小企业缺乏创新能力，这是很多管理者公认的事实。看看市场上的产品，功能雷同、包装雷同、销售方式雷同，这都是创新能力不足的表现。当然，这也从另一个角度说明中小企业的模仿能力很强。只要市场上出现了一种新产品，很快就会被迅速模仿。可是，只会模仿，不会创新，这就注定了企业难以走得更远。因此，管理者要重视提升创新能力，争取在管理、研发、营销、服务等方面实现突破。

短板3：服务意识淡薄

不少中小企业认为，产品卖出去了就万事大吉。他们在认知上、在能力上都严重欠缺服务意识。在这种情况下，他们就不会投入时间、精力和资金去加强服务水平建设，服务质量自然就上不来。有些企业甚至把服务视为麻烦，不考虑客户的满意度和购买的持续性，不考虑公司和产品的美誉度。有些企业虽然认识到了服务的重要性，但由于管理水平跟不上，服务能力同样也上不来。所以，企业必须重视服务水平的提升，加强服务能力的培养，这样才能使企业实现可持续发展。

短板 4：人才管理滞后

人才是企业的第一生产力，但很多中小企业对人才不够重视，缺少人才管理和培育的长远战略。我见过不少小企业、小团队，为了节省用人成本，只招一些应届毕业生，等到两三年后，这些年轻人成长起来时，老板却不舍得给他们合理的薪水，继而眼睁睁地看着人才流失。他们倒也不心疼，转而继续招聘薪水低廉的应届毕业生。就这样，他们不断地招人，又不断地失去优秀人才，却间接地为竞争对手企业做嫁衣。

企业人才管理滞后，主要表现为缺乏人才评价系统，缺乏对人才职业发展的规划，缺乏利益分享制度。如果不能补上人才管理这块短板，企业就会陷入人才"招不来，用不好，留不住"的怪圈。即使招来了人才，用好了人才，也留不住人才，无法帮企业实现更长远的发展目标。

短板 5：文化建设空白

"空白"一词有点夸张成分，但却很能说明中小企业文化建设的现状，那就是还处于最初的阶段，甚至是一片空白。相比于不重视售后服务，很多公司更加不重视企业文化建设。一方面是因为他们没有意识到企业文化的重要性，另一方面是没有精力、没有能力去搞企业文化建设。但实际上，企业文化是一个企业的灵魂和核心，对内具有规范和约束作用，还能对员工起到导向和激励作用；对外具有辐射和影响的作用。所以，管理者绝不能忽视企业文化建设。

当然，企业自身存在的短板是千奇百怪的，远远不止以上介绍的五个。那么，面对企业各种各样的短板，我们该怎样去弥补呢？如图 9-2 所示：

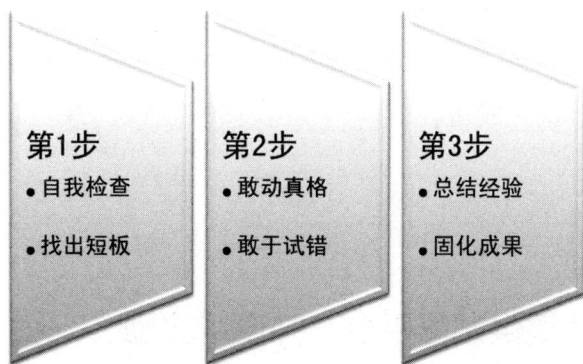

图9-2　弥补企业短板的三个步骤

第1步：自我检查，找出短板

弥补短板的前提是找出短板，这需要企业自我检查、自我批判，实事求是地分析现存的薄弱方面。比如，回顾企业一年来，在哪些方面做得比较成功，哪些方面做得不够，又有哪些方面影响了公司的盈利，把这些不足找出来，短板也就浮出水面了。

第2步：敢动真格，敢于试错

找出短板之后，企业要敢动真格，敢对短板下狠手去整治。这是一个尝试解决问题的过程，它不一定成功，但如果不敢尝试，不敢迈出试错的这一步，问题就永远解决不了。所以，建议企业管理者不要害怕投入没有回报，不要害怕投入增加了企业成本，而要敢于在这些方面下功夫、下重金。哪怕付出了没有达到理想的效果，也会让企业在弥补短板的道路上更进一步。抱着这种心态去尝试，去行动，相信企业很快就能弥补自己的短板。

第3步：总结经验，固化成果

在不断尝试、不断试错的过程中，企业的短板也会慢慢被补上。在这个过程中，管理者要不断总结失败的教训和成功的经验，并将其固化成一整套科学的、系统的方法，进而在今后消除短板的过程中加以运用。这样可以固化成果，固化成功。

9.2 为团队提供试错平台，并设置奖励

"不要害怕犯错，要勇于尝试，才能有所成长。"这是人生道路上一句很常见的鼓励性的话。放到企业管理中来，管理者这样鼓励员工行得通吗？万一员工捅了娄子怎么办？很多员工正是有了这种想法，做事才畏首畏尾，创新才有所顾虑。那么，作为管理者应该怎样消除员工的这种心理呢？

胡振球是上海神州汽车节能环保有限公司的一名职员。当初，他刚进入公司时，连图纸都不会看。在师傅的一帮一带和他自己的努力下，仅用两年时间，他就从一个门外汉成长为企业的技术骨干。不过那时候，他只是生产线上的一名技术员，还没有形成技术创新的思维意识。

后来，企业组织开展"五小活动"，彻底改变了胡振球的想法，也给他带来意想不到的收获。活动中，企业领导鼓励大家结合自己生产工作中的实际，积极提出意见和建议，并进行技术创新。在这种背景下，胡振球和三名同事决心进行"吸尘车厢体底架工装"的技术改革和创新。

在技术改革和创新过程中，他们进行了一次又一次试验，却一次又一次以失败告终。面对失败，他们也想过放弃，但领导总是及时给他们最

大的鼓励和支持。最终，他们获得了成功。这次成功大大激发了胡振球进行技术创新的意识，此后他在工作中不断试错，不断进行技术创新，并在2013年荣获"上海市十大工人发明家"的称号。

害怕犯错而不敢尝试、不敢创新，往往是企业裹足不前的最大障碍之一。反之，允许员工犯错，鼓励员工试错，恰恰可以减少犯错，因为试错是主动性的，是有所准备的。比如，企业开发某项产品时，在某个部分或某个区域上，鼓励员工试错，反而会提升流程的效率，提高企业的创新能力。作为管理者，不能寄希望于员工不出错，因为这种情况是不存在的。而应该设法避免员工犯错带来的负面影响。

日本著名企业家稻盛和夫曾说过："不敢试错的员工不是好员工。"他用平生的经历劝慰人们，要敢于走别人没走过的路，要勇敢地去做别人没有做过或没有做好的事情——这是成就事业的必经之路。

当然，试错不是莽撞的行为，而是有计划的完善和改进。一个成熟的管理者既不会为了保住自己的职位而固步自封，也不会因为一腔热血就纵容员工试错、犯错。那么，如何为团队提供试错平台，让试错为企业带来价值回报呢？如图9-3所示：

图9-3 让试错为企业带来大回报的举措

1. 建立试错机制

稻盛和夫说："创新的本质是试错，只有更多人的试错才能换来更大的成功。"如果企业希望员工创新，如果企业鼓励员工创新，那么就必须允许员工试错、犯错。为此，管理者要解决员工不敢创新、不敢尝试的问题，推行试错的机制，为创新保驾护航。

比如，在组织架构安排上下功夫，让它形成多个试错单元和试错机制。这就是说，把企业大的团队分成若干个小分队，让每个小分队负责相应的工作，在各自负责的领域内进行小规模的创新和尝试。这种小分队一定要多，也许很多小分队的创新都以失败告终，但只要有一两个创新取得成功了，就会给企业带来巨大的回报。

2. 建立容错机制

任正非在《华为的冬天》中说："我天天思考的都是失败。"作为一家具有系统性创新基因的企业，华为的手机从当初陷入困境，到今天跃居全球前三的佳绩，离不开他们容错的企业文化。因为没有容错的企业文化和机制，就意味着没有试错和创新。所谓容错机制，其核心理念是允许员工犯错和失败。

对企业来说，允许员工试错，容许员工失败的态度，意味着企业要为创新付出一定的成本和代价。很多企业之所以没有敢于试错的企业文化，是管理者的推行力度不够，是管理者的个人毅力、耐心、决心和胸怀不够。企业要想建立容错机制和容错的企业文化，管理者就需要在员工犯错和失败时，站出来承担责任，而不是指责员工，推卸责任。

3. 鼓励员工试错

即使企业建立了试错机制和容错机制，很多员工还是不敢积极地尝试和创新，为什么？因为"害怕成为出头鸟""明哲保身"是人的天性。如何破除这一根深蒂固的思想呢？用任正非的话就是"对明哲保身的人一定要予以清除"。任正非认为，这些只顾保护自己利益的人是变革和创新的绊脚石。如果在工作中，没有改进行为，甚至一次错误也没有犯过，就应该被免职。由此可见，任正非鼓励员工试错和创新的决心。

企业还可以建立"失败者俱乐部"，让试错成为一种氛围。同时，要鼓励员工分享试错过程中的成功经验和失败教训。由此，大家相互学习，避免再犯同样的错误，从而离成功更进一步。通过讨论失败的创意，也许可以打开另一扇成功创新的大门。

另外，企业除了允许失败，还可以奖励失败。比如，举办"年度最佳失败奖"的评选活动，获奖对象主要针对那些"因某次失败的尝试引发重要的创新成功"的人，这是激发员工试错积极性的有效办法。

4. 奖励成功创新

试错的最终目的是为了实现变革和创新。因此，针对成功的创新，企业也应设置奖励，以激励成功的创新者。通过奖励失败者和成功者，让员工彻底放下试错、犯错的心理包袱，从而在工作中大胆尝试，积极创新，使企业形成绵延不绝的创新之风。

9.3　不断地证伪才能发现更正确的答案

乔治·索罗斯是世界著名的投资天才，这其中很大原因在于他把自己对市场的判断，视为一种有逻辑的假设。如果市场按照他假设预期的那样变化，他就增加投资，以获得更大的利润；如果市场没有按照他假设的那样变化，他就迅速改变操作方向，将先前的亏损最大化地扭转过来，甚至转亏损为盈利。

索罗斯的这种投资"试错"，其实与哲学家卡尔·波普尔的"证伪"思想如出一辙。波普尔在其早期的科学哲学著作《科学发现的逻辑》中，提出了"证伪"的方法论思想。他认为，科学发现的理论都是假说，它们不能够被证明，而只能够被证伪。因此，现代的科学理论只有两种，已经被证伪的和暂时没有被证伪的，而那些根本无法证伪的假说，则不能称为科学理论。

20世纪60年代，波普尔又在《猜想与反驳》一书中提出其证伪主义的精髓——试错法，又称为"假说—证伪法"，即科学家针对特定的问题，提出科学假说，通过演绎的方式从科学假说中得出科学预测，经过科学实验和观察的检验，最终被证伪或被证实。

回到企业创新的话题上来，其实，创新就是一个试错的过程。只要想在市场竞争中走在同行的前列，就一定要创新，就一定要试错。这是检验一个企业及其商业模式的试金石。试错是企业创新越过"死亡谷"，登上"珠穆朗玛峰"的必由之路。

那么，企业如何通过不断地证伪，发现更正确的创新方案，找到更正确的答案呢？

1. 用策略来确定最正确的创新

对于企业创新，我建议大家遵从爱迪生在创新上的观念："我不愿发明那些没人掏钱的东西。"这就是说，创新是为了盈利，是为了给企业带来价值回报，是为了赚钱，而不是为了满足自己的某种虚荣心，创造一些没有市场认可度的东西。只有这样，我们的创新才是有意义的创新，才能开发出在解决客户问题的同时，获得利润的产品。这样的创新，无疑是最正确的创新。

2. 对现存问题进行深入的思考

要想通过不断地证伪发现更正确的创新思路和创新方案，我们就要有一种能够对现存问题进行深入思考的能力。这需要我们有时候把自己沉浸在问题里，有时候又要跳出问题，有时候需要向前看，从不同的视角去进行思考（如图9-4所示），才能找到最佳的创意。

图9-4　从不同的视角去思考问题

（1）向前看

所谓向前看，就是从未来的视角看待今天所面临的问题。优秀的创新者会以一个长远目标为起点，通过向后工作，以发现对一些短期问题的解决有帮助的创新方案。他们会基于第一个技术步骤开发更优秀的产品。这样，在解决短期问题的同时，就为长期目标的实现铺平了道路。

另外，在考虑是否要创新时，取决于我们对未来产业趋势的预判和公司是否有能力最终实现盈利。优秀的创新者必须展现出"专注于未来，立足于当下"的品质和思维，他们会站在未来的角度去思考："五年后的用户如何看待空调的耗电量？十年后人们对医疗环境会有什么需求？"然后，用前瞻性思维去考虑如何应对这种变化，如何满足用户的需求。这个过程就是不断证伪，不断发现正确创新点子的过程。

（2）向内看

所谓向内看，指的是预测市场行情的变化，并审视自己当前已有的产品，把一些市场前景不太明朗的创新产品舍弃掉，以解放公司被占用的资源。

智能手机就是一个再好不过的例子，当初它之所以能够取代只能打电话、发短信的老式移动电话，就是因为一些手机制造商们能够根据市场行情的变化，迅速舍弃老式手机，把更多的资源和资金投入到智能手机的研发当中。

而诺基亚、摩托罗拉这些老牌手机制造商，就因为缺乏向内看的思维，才在智能手机的竞争之路上被远远地甩开。由此可见，适时向内看，不断舍弃竞争力不大、价值回报有限的鸡肋型产品，是优秀创新者必备的素质。

（3）向外看

所谓向外看，指的是跳出公司这个小圈子，放眼更广阔的外部世界，走访、了解其他企业或其他领域的创新行为，从中获得启发，继而萌发创新点子。

约瑟夫是一家医疗设备公司的员工，他不断地追踪大学里的专利申请情况，希望能找到有价值的创意。他与大学的发明者们展开对话，了解他们的研究目的是什么，为了解决什么问题。他还试图说服那些大学发明者把所发明的东西商业化，最终他成功了，为公司引进了新的产品，获得了新的利润增长点。

常言道："不识庐山真面目,只缘身在此山中。"经常跳出企业这个圈子，把眼界看向更广阔的领域，对我们发现正确的解决问题方案是很有帮助的。

9.4 MVP，是快速和最低成本的试错方法

有个亲戚想开个网店,想从卖健身小器材(比如跳绳、呼啦圈、毽子等)开始, 问我有没有市场。虽然我没有在电商平台卖过东西，但我觉得一个产品卖得好与不好与行业的关系不大。因为再冷门的行业、再冷门的产品也有销量第一名。只要销售策略得当，我相信就可以获得不错的销量。所以，我觉得这个问题很难回答，更不能用"有或没有"来作出非黑即白的回答。不过后来，我给了他一个中肯的建议：小步快速试错。

小步快速试错又叫最小化可行产品，即 MVP（Minimum Viable Product)。它的意思是用最快、最简单的方式建立一个可用的产品原型，通过这个简单的原型来测试产品是否符合市场预期，并通过不断地快速迭代来修正产品，最终推出符合市场需求的产品，从而让企业或个人获得最大化的收益。

简单来说，就是在推出一个新产品或卖一个产品时，不要试图一步到位地把这个产品做得尽善尽美，而是先以最小的投入做一个"可用"的产

品原型，去验证这个产品是否有价值、是否可行，再通过迭代来完善细节。

再比如，你想卖某个产品，不要一下子批发大量的产品来卖，而是先试着卖几个样品，获取几个客户的反馈。如果反馈好，再多批发一些产品来卖，再获取多一点客户的反馈。如果反馈依然不错，再多批发产品来卖。如此反复尝试，直到你觉得这种产品很有市场时，你再大批量进货。反之，如果你一开始就得到了负面的反馈，那么你可以及时调整产品，避免后期更大的损失。

传统产品迭代成本高、速度慢、风险大，企业费了九牛二虎之力，花了高成本做出来的产品，用户可能不认可。而 MVP 策略的优点在于，试错成本低、速度快、风险低，能满足产品快速迭代的需要。所以，MVP 是一种相对安全的试错方法。

成立于 2007 年的多宝箱（Dropbox）是一家在线云存储服务商，它的创始人 Drew Houston 当时做了一个视频放在了 YouTube 上。这段视频简单介绍了多宝箱的各项功能，一夜之间吸引了七万多名用户的关注。可是当时，多宝箱根本没有实际的产品。

其实，Drew Houston 就是在做 MVP。这样避免了由于闭门造车而创造出空想没人要的产品，却自认为会有很大的市场。通过以上介绍和例子，我们可以总结出 MVP 的三个要点，如图 9-5 所示：

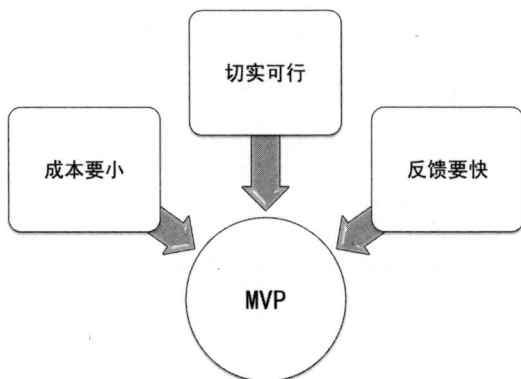

图9-5　MVP的三个要点

（1）成本要小

你想在网上卖书，十几块钱一本，加上运费，也就二十来块钱。即使亏了，也能接受。所以，先批发十几本来卖卖看，看效果怎么样。如果卖不掉，那也没什么，就当自己买书看。如果卖得好，可以继续增加进货。如此，一步步快速试错，最终决定是否调整产品。

（2）切实可行

所谓可行，指的是再小的试错方式，也要保证走完每一个业务流程，以便在一个小的场景下，形成小闭环。很多人容易忽视这一点，认为做完一个小功能就行了。实际上，要把各个环节的工作考虑周到。否则，验证本身就是不完善的。

比如，你在网上发个帖子，或弄个网站，发布了很多菜单，留下了你的联系方式。你以为这样就可以验证了。实际上，你要考虑到：如果顾客来电订餐，你真的能为顾客送上饭菜吗？当然，这并不是说你一定要请厨师做饭菜，因为有人叫餐，你可以就近去饭店买饭菜，然后送给顾客。

再比如，多宝箱最早验证云盘概念时，只做了一个视频，说明预期产品有什么功能，然后放到网站上。之后，只过去了一天的时间，就有七万多用户注册。通过这样的方式，了解用户是否有需求，方案是否可行。这就大大缩短了产品验证的周期。

要注意的是，这个视频里全面介绍了云盘的功能，而不只是介绍了某个功能。否则，就不能很好地验证用户的真实需求了。

（3）反馈要快

你在网店上卖鞋子，一开始你上传了第一批产品，每种产品上传了七种颜色。其实，你完全不必这么做。你只需上传一批产品，上传一两种颜色即可。因为用户想要的颜色你没上传，他会通过网络工具和你互动，你可以了解他们的需求。这样可以快速得到反馈。

MVP 有这么多优点，又能最大化地降低试错成本，那么，我们应该怎样去做 MVP 呢？请看以下四个步骤，如图 9-6 所示：

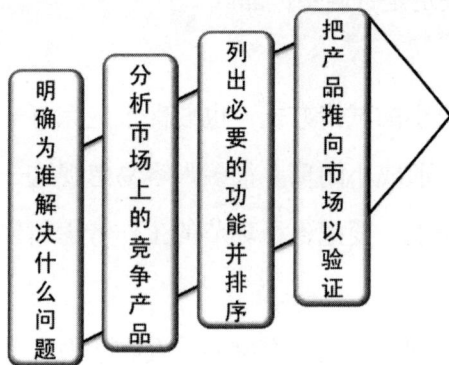

图9-6　做MVP的四个步骤

第1步：明确为谁解决什么问题

一个成功的 MVP 的第一步，就是要明确你为谁解决什么问题，即回答两个问题：用户是谁？这个产品能帮助用户解决什么问题？搞清楚这两个问题，有利于你确定产品的功能，从而为解决用户的实际问题找到最佳的方案。

第2步：分析市场上的竞争产品

第二步是分析市场上已经存在的竞争产品。比如，你打算卖书，你可以先去网上看看同类书店，看他们的销售业绩怎么样。你还可以潜伏到竞争对手的客户群里，直接分析用户对竞争产品的反馈，从而了解现有产品的缺陷，再调整或完善你销售的图书种类。

第3步：列出必要的功能并排序

如果你要开发一个产品，那么你必须针对客户的需求，列出这项产品必须具备的功能，然后对所有的功能进行排序。什么功能最重要，其次是什么功能？记住，这是必须的功能，即不得不具备的功能。这可以参考同类产品，如果没有同类产品，你也可以根据前期的调查来确定哪些功能是不得不要的。至于那些不是必须的功能，可以先不予考虑。

第4步：把产品推向市场以验证

在完成 MVP 产品开发之后，你需要尽快将其推向市场，推向用户，以获得用户的反馈，验证用户的需求。只有把产品推向市场了，你才能发现产品缺少了哪些功能，或者多了哪些无关紧要的功能。

通过收集用户的反馈信息，你可以对 MVP 产品进行改进和迭代，再推向市场，再收集反馈信息，再次改进、迭代，形成一个周而复始的循环。这个周而复始的循环就是产品不断完善的过程，也是产品变得越来越符合用户需求的过程。

9.5　并不是所有的试错都值得鼓励

"试错"一词经常与"创新"一词联系在一起，提倡创新意味着要允许试错，不容许试错哪来创新？这与"失败是成功之母"如出一辙。但试错是有成本和风险的，企业作为一个以盈利为目的的组织，在鼓励员工试错时也要考虑成本和收益的比较。如果能以较小的试错成本获得相对较大的收益，何乐而不为呢？

举个简单的例子，A员工提出了10个创新方案，其中7个被否定了。B提出4个创新方案，其中3个方案被通过了。然后，两人去执行创新方案，最后，A员工的3个方案成功了两个，B员工的3个方案全都成功了。

试问，作为领导者，你会重用哪个？你更倾向于信任哪个？估计大多数管理者都会选择B员工，因为A员工明显判断力有限，因为他难以辨别哪些创新方案更可行、更有把握。或者不愿意承担决策的责任，才把选择权推给上司。

由此可见，鼓励员工试错并不等于纵容员工不计成本地试错，也不是所有的试错都值得鼓励。因此，在鼓励员工试错时，要提醒员工注意以下几点：

1.把试错的风险控制在可承受的范围之内

试错就像投资，投资有风险，一定要谨慎。就像"股神"巴菲特说的那样："投资最基本的，除了保住本金，还是保住本金。"对一家企业来说，如果财力雄厚，本金充足，那你试错的底气就足。如果财力有限，本金不多，那么试错的底气就不足。这又意味着风险承受力有限。所以，一家企业到底能承受多大的试错风险，取决于自己的财力和战略布局。

在这里，我们提出一个"721"的试错法则，如图9-7所示：

研发资金和资源

■ 可持续的创新　■ 领先性的创新　■ 试错基金

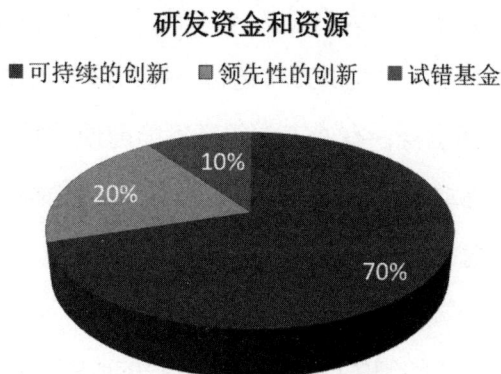

10%

20%

70%

图9-7　关于721试错法则

（1）在企业经营过程中，把70%的研发资金和资源用于可持续的创新，如迭代产品的研发。

（2）把20%的研发资金和资源投入到领先性的创新，比如产品升级。

（3）把剩下10%的研发资金和资源拿来作为员工的试错基金，鼓励员工大胆试错，甚至可以鼓励员工用这笔经费研究和公司当前产品无关的项目，为公司未来的发展和战略布局作准备。

通过"721"的试错法则，可以兼顾企业的正常经营和可持续发展，还能为企业创造一些意料之外的惊喜。这会让企业受益无穷。

作为企业管理者，在鼓励员工试错的同时，也要对员工的试错行为把好关，努力把试错的风险控制在企业可承受的范围内。当你意识到员工的创新方案存在很大的风险，而这种风险假如真的发生，会让企业面临重重危机，甚至直接将企业推向万劫不复的深渊时，那就要及时叫停。当然，叫停时要向员工说明理由，让员工理解其中的原因。

2. 告诉员工：可以试错，但不能影响全局

如果某项工作处于一个大系统的一个节点上，它必须依赖既定的规则去操作，才能确保整个大系统的正常运行，那么这项工作就不能随便试错。这就像是牵一发而动全身，有些工作丝毫不能随便试错。比如，生产流水线上的某道程序，你敢随便更换零件以提高其工作效率吗？万一试错失败，整个生产线瘫痪，怎么办？

即使想试错，也要确保在不影响大系统正常运行的前提下，进行小范围的试错。比如，成本控制的改善、工艺流程的改善、销售技巧的创新等，对整个系统的运行不会产生较大的影响，企业可以有计划地进行自主变革和创新。

3. 试错要有节制，坚持"小步快速试错"

虽然建议管理者鼓励员工试错，但也应该有所节制，要坚持"小步快速"策略。所谓小步慢跑，其实类似于摸着石头过河，一步一步地向前试探，快速地作出尝试，而不要试图一下子做出巨大的创新改变。

对于大多数中小企业而言，由于不具备充足的资源和雄厚的财力，如果试错步幅过大，一旦失败，往往得不偿失。所以，要有条件地试错。企业可以成立"试错委员会""创新委员会"，让高管去评估、衡量创新的成效。